Julia Encke

WER IST MICHEL HOUELLEBECQ?

Porträt eines Provokateurs

Rowohlt · Berlin

1. Auflage Januar 2018
Copyright © 2018 by Rowohlt · Berlin Verlag GmbH, Berlin
Satz DTL Documenta PostScript (InDesign) bei
Dörlemann Satz, Lemförde
Druck und Bindung CPI books GmbH, Leck, Germany
ISBN 978 3 7371 0017 5

Inhalt

Im Frühjahr 2007 las ich in einer französischen Tageszeitung, ich weiß nicht mehr, ob es «Le Monde» oder «Libération» war, dass der französische Schriftsteller Michel Houellebecq im südspanischen Ferienort Benidorm seinen Roman «Die Möglichkeit einer Insel» verfilmte. Ich hatte irgendwann einmal Fotos von der Küste dort gesehen, von den Betonklötzen, die eng nebeneinanderstanden, von den hässlichen Urlaubersilos, alle direkt am Meer. Dass Michel Houellebecq sich diesen Ort ausgesucht hatte, leuchtete mir sofort ein. Benidorm musste für ihn die schönste Touristenhölle sein; ein Ort, den er sich für seinen Roman nicht besser hätte ausdenken können. Mir fiel der Fernsehkomiker in «Die Möglichkeit einer Insel» ein, der sein Unterhaltungstalent in einem All-inclusive-Ferienclub bei einem Zwischenfall am Buffet entdeckt und sich ausdenkt, wie die Würstchenknappheit beim Frühstück eine blutige Ferienclubrevolte auslöst. Die Dreharbeiten dazu stellte ich mir vielversprechend vor. Ich suchte im Internet die Produktionsfirma des Films heraus und schrieb an den Produzenten Éric Altmayer, ob ich nicht kommen dürfe, um zuzusehen – einen Tag, viel lieber noch eine ganze Woche. Überraschenderweise antwortete Altmayer gleich am nächsten Morgen. Kein Problem, ich solle einfach losfahren. Adresse: Gran Hotel Bali, Calle Luis Prendes 4, 03502 Benidorm, Spanien.

Michel Houellebecq war schon damals der bekannteste und umstrittenste Schriftsteller Frankreichs. Und so wunderte ich mich, dass es möglich sein sollte, ihn ohne lange Voranmeldung bei seinen Dreharbeiten zu beobachten. Auch vermutete ich vor Ort noch eine Reihe anderer Journalisten, aber als ich in Benidorm im Hotel eintraf, war überraschenderweise sonst keiner da. Ich sehe noch vor mir, wie Houellebecq mit seinem Filmteam gerade dabei war, eine Szene am Hotelpool zu drehen. Er stand in einem gelben kurzärmligen Hemd und einer khakifarbenen Weste hinter der Kamera und murmelte seine «Action»-Anweisung in sich hinein, sodass der Assistent sie laut wiederholen musste. Intuitiv hielt ich Abstand und wartete erst einmal ab. Das hatte einerseits damit zu tun, dass ich nicht stören wollte. Aber es war nicht nur das. Ich hatte den Eindruck, dass, wenn ich mir ein Bild von Michel Houellebecq machen und ihn und sein Werk besser verstehen wollte, ich gar nicht die direkte Nähe zu ihm suchen oder für die Zeit, die ich dort verbringen würde, Teil seines Teams werden sollte. Ich war mir sicher, dass er aus der Distanz besser zu erkennen sein würde als im unmittelbaren Kontakt. Im Verlauf der Woche kam es vor, dass wir zusammen an der Bar saßen und rauchten. Aber die meiste Zeit, die ich mit ihm und dem Filmteam in Benidorm verbrachte, blieb ich für mich und sah einfach nur zu.

Dieses Widerspiel von Anziehung und dem gleichzeitigen Bedürfnis, Distanz zu wahren, hat mein Verhältnis zu Michel Houellebecq und seinem Werk von dem Moment an geprägt, als ich 1999 «Ausweitung der Kampfzone» las und in den Jahren darauf jeden seiner neu erschienenen Romane. Tatsächlich gibt es für mich keinen Schriftsteller der Gegenwart, der einen mit seinen Zukunftsvisionen, die von der Gegenwart erzählen, so sehr herausfordert. Keinen, der die sozioökonomischen Machtkämpfe der zeitgenössischen Gesellschaft so unerbittlich und präzise beschreibt. Keinen, der die Literatur als Feld der Uneindeutigkeit so sehr ausreizt und uns auf brüchigem Boden zurücklässt. Und das alles mit dieser bewusst herausgearbeiteten Abwesenheit von Stil, diesem Nicht-Stil der Sprache, der natürlich selbst ein Stilphänomen ist.

«Ich habe weder etwas gegen diese oder jene Avantgarde, noch bin ich gegen diese oder jene andere», hat Michel Houellebecq einmal in einem Interview gesagt. «Mir ist nur klar, dass ich mich durch die einfache Tatsache hervorhebe, dass ich mich weniger für die Sprache als für die Welt interessiere. Ich bin fasziniert von den bis dato unbekannten Erscheinungen der Welt, in der wir leben, und ich verstehe nicht, wie es den anderen Dichtern gelingt, sich dem zu entziehen: Leben sie denn alle auf dem Land? Jeder geht in den Supermarkt, liest Zeitschriften, jeder hat einen Fernseher, einen Anrufbeantworter ... Es gelingt mir einfach nicht, diesen Aspekt der Dinge hinter mir zu lassen, dieser Realität zu entrinnen.

Ich bin schrecklich zugänglich für die Welt, die mich umgibt.»[1]

Michel Houellebecq hat, seit seinen ersten Erfolgen mit «Ausweitung der Kampfzone» und «Elementarteilchen», die Rolle des Provokateurs gesucht, wo immer sich eine Öffentlichkeit oder Halböffentlichkeit anbot. Das war zunächst die Rolle des «Dragueurs», die Selbststilisierung des von Groupies umringten Schriftstellers. Es waren, nicht viel später, politische Provokationen wie die, der Islam sei «die bescheuertste Religion von allen». Dann folgte die Behauptung, die Prostitution abzuschaffen heiße, die Ehe unmöglich zu machen. Ohne die Prostitution, die der Ehe als Korrektiv diene, werde die Ehe untergehen und mit ihr die Familie und die gesamte Gesellschaft. Und eine Provokation lag auch in den Inszenierungen seines Körpers, wenn Houellebecq eine Weile lang als scheinbar zahnloser Clochard auftrat und jedem Schönheitsideal der Mediengesellschaft Hohn zu sprechen schien.

Auf jede dieser Äußerungen folgte ein Aufschrei, ob in Frankreich oder hier in Deutschland. Die Zeitung «Le Monde» begann eine wahre Fehde gegen den Schriftsteller. Islamische Vereinigungen strengten Prozesse an. Reaktionär, misogyn, islamophob, pornographisch – Houellebecqs Gegner stilisierten ihn zum Schreckgespenst. Jedes Mal glaubte man dabei allerdings, den Autor, dessen Humor gerne unterschätzt wird, kichern zu hören. Denn im Grunde genommen bedient sich Michel Houellebecq der Tricks eines Taschenspielers. Durch seine öffentlichen

Äußerungen, das will ich zeigen, verwischt er planmäßig die Grenze von Figuren- und Autorenrede und gibt vor, die daraus resultierende allgemeine Aufregung nicht zu verstehen. Was er in Abrede stellt, ist eine Übereinkunft: nämlich die, dass Literatur und öffentliche Rede zwei unterschiedliche Orte des Sprechens sind, mit denen sich auch unterschiedliche Regeln des Sprechens verbinden. Houellebecq spricht in der Öffentlichkeit nach den Maßgaben der Literatur. Genau deshalb kann man seine Romane nicht lesen, ohne an den Autor zu denken, genau deshalb schleichen sich seine öffentlichen Äußerungen in die Lektüre seiner Bücher ein.

Auf welche politischen Aussagen lässt sich aber jemand festlegen, der einräumt, dass es in seinen Büchern Stellen gebe, aus denen man «radikal entgegengesetzte Schlüsse» ableiten könne? Wo steht Houellebecq politisch wirklich, und welche Rolle spielt das für seine Bücher? Ist es zulässig, ihn als «Propheten» zu bezeichnen, wie das nicht wenige machen, wenn man bedenkt, dass sein Roman «Unterwerfung» in Frankreich am Tag der Anschläge auf «Charlie Hebdo» erschien? Wenn man weiß, dass er der «New York Times» ein Interview über «Plattform» gab, ein Interview, in dem der Journalist kritisierte, dass Houellebecq die islamistische Gefahr überschätze – und das ausgerechnet am 11. September 2001 abgedruckt wurde? Inwiefern geht es, wenn Houellebecq den Islam thematisiert, überhaupt um diesen? Und wie kann es sein, dass ein Autor, der über so viele Jahre von allen möglichen Seiten angefeindet worden ist, für seinen Roman «Karte und Gebiet» dann plötzlich doch den in Frankreich wichtigsten Literaturpreis, den «Prix Goncourt», gewinnt und mit einem Mal – zumindest vorübergehend – von allen geliebt wird?

«Wer ist Michel Houellebecq?» Diese Frage möchte ich anhand meiner Begegnungen mit ihm, vor allem aber entlang seiner Werke, zu beantworten versuchen.

Seit den Anfängen seines Erfolgs als Schriftsteller hat Michel Houellebecq ziemlich viele Dinge gesagt, die man ihm nicht auf Anhieb glauben wollte. Das ironische Spiel – etwas von sich zu erkennen zu geben und es bei nächster Gelegenheit zu widerrufen – hat er perfektioniert. Das entspricht seinem Humor. Es gibt aber einen Satz, den man ihm sofort abnahm und der einen keine Sekunde lang auf die Idee brachte, er könne Ausdruck seiner Koketterie sein: Wer sich einen Reim auf ihn machen wolle, so Michel Houellebecq, der solle seine Bücher lesen, am besten in der Reihenfolge ihres Erscheinens. Sein Leben hingegen: eine denkbar schlechte Quelle.

Michel Houellebecqs Romane sind keine Geständnisliteratur. Der Antrieb seines Schreibens ist kein autobiographischer. Das heißt nicht, dass es in seinem Werk keine autobiographischen Bezüge gäbe. Es gibt sogar sehr viele – allen voran die Tatsache, dass die Hauptfiguren seiner Romane beinahe ausnahmslos Michel heißen und eine deutliche Ähnlichkeit mit ihrem Erfinder haben. Dieser Autor achtet aber zugleich darauf, dass die Ähnlichkeiten nicht zu groß werden und immer genügend Spielraum für jene Ambiguität bleibt, die ihn an der Literatur interessiert.

Literatur ist für ihn dazu da, Gewissheiten ins Wanken zu bringen, den Zweifel zu nähren. Wie sehr ihm das gelingt, zeigt die Aufregung, die jedes seiner Bücher auslöst.

Eine Ausnahme hat er allerdings gemacht. Oder er hat sich dazu hinreißen lassen, es auszuprobieren und etwas über sein Leben festzuhalten, und zwar in Form eines Tagebuchs. Es sind nur ein paar Tage, einer im Februar – genauer gesagt der 26. Februar 2005, der 47. Geburtstag von Michel Houellebecq – und ein paar aufeinanderfolgende Augusttage im selben Jahr. Houellebecq hat gerade das Manuskript seines Romans «Die Möglichkeit einer Insel» abgeschlossen und an seinen Verleger geschickt. Hinter ihm liegt eine Zeit intensiver Arbeit, er weiß, dass ihm sein Leben jetzt leer vorkommen wird. Er ist überzeugt davon, gerade ein «Meisterwerk» abgeliefert zu haben, und ebenso sicher, dass das, was er in diesem Moment zu schreiben beginnt, keinerlei Bedeutung hat: «Ich halte nicht viel von Autobiographien und von Tagebüchern kaum mehr; ich betrachte sie als primitive Formen des Schaffens, mit denen man weder an die Wahrheit des Romans herankommt noch an den Grad reiner Emotion wie in der Dichtung.» Wenn er sich dem nun trotzdem widme, dann nur, weil er gerade außerstande sei, irgendetwas anderes zu tun. Im Übrigen wisse er auch jetzt schon, dass daraus kein Buch entstehen werde.[1]

Und dann fängt er – am 20. August 2005 um drei Uhr morgens – tatsächlich ganz von vorne an: «Ich bin im Jahr 1956 oder 1958 geboren», schreibt er, «ich weiß es nicht. Wahrscheinlicher ist 1958. Meine Mutter hat mir immer erzählt, mein Geburtsjahr falsch angegeben zu haben, damit ich, anstatt mit sechs, schon mit vier Jahren zur Schule gehen konnte. Sie war überzeugt davon, dass ich hochbegabt sei – weil ich mir mit drei Jahren anscheinend selbst das Lesen beigebracht habe. Als sie eines Abends nach Hause kam, war ich zu ihrer großen Überraschung dabei, in aller Ruhe Zeitung zu lesen.» Ob seine Mutter aber tatsächlich nur gute Absichten verfolgt habe, als sie das Datum fälschte, wisse er nicht. Sie sei immer eine Expertin darin gewesen, die Dinge rückblickend so zu erzählen, dass sie für sie schmeichelhaft waren. «Ich erinnere mich, wie ich es einmal – ziemlich schüchtern – gewagt habe, ihr vorzuwerfen, dass sie sich in den Jahren meiner Kindheit vielleicht nicht genügend um mich gekümmert hätte, und wie ich mir dann die Schilderung ihrer Jahre als Ärztin für Arme in La Réunion angehört habe, die sie in ein heroisches Licht setzte. Ging es nach ihr, war sie eine Art Mutter Teresa der Medizin, die niemals zögerte, sogar mitten in der Nacht aufzustehen, um einer schwarzen Frau in einer verlorenen Berghütte bei der Geburt zu helfen (es folgte die Beschreibung des vom Sturm zerfurchten Wegs, der mit dem Landrover gestreiften Abhänge). Tatsächlich, wie ich später erfahren musste, arbeitete sie vor allem als Vertretung und nahm sechs Monate Urlaub im Jahr.» Es sei also gut möglich, dass sie ihn zwei Jahre älter gemacht habe, um ihn einfach schneller loszuwerden.[2]

Die Sache mit der Hochbegabung hat Michel Houellebecq aber gefallen. Er erinnert sich daran, wie er in der Schule einen Intelligenztest machen musste und begeistert feststellte, einen IQ von mehr als 140 zu haben. Er suchte daraufhin noch nach anderen Tests, um 150 zu erreichen, was, so Houellebecq, rückblickend etwas armselig erscheine, ihm aber auch bewusst mache, dass er von seinem fünfzehnten Lebensjahr an versucht habe, sich als Persönlichkeit zu entwerfen: als ein Überlegener; jemand, der sich schwebend in den hohen Sphären der Welt der Gedanken bewegt. Zugleich, schreibt er, sei er in der Gesellschaft anderer und vor allem im Umgang mit Mädchen schrecklich verhaltensgestört gewesen und habe unter entsetzlichen körperlichen Komplexen gelitten, obwohl es dazu eigentlich gar keinen Grund gegeben habe. Erst kürzlich habe er ein altes Foto gefunden, auf dem er in der Mitte einer Gruppe von Jungen und Mädchen zu sehen sei. Es war beinahe ein Schock für ihn, festzustellen, dass er auf diesem Bild der anziehendste Junge von allen war: «Offen gestanden finde ich mich selbst umwerfend.» Wirklich komisch (oder eben tragisch) sei eben nur, dass er es jetzt, im Jahr 2005, geschafft habe, zu der Person zu werden, für die er sich damals hielt: Auf neuen Fotos sehe er in den allermeisten Fällen tatsächlich grauenhaft aus; seine intellektuellen Fähigkeiten dagegen hätten Früchte getragen und aus ihm – «unnötig, da irgendeine falsche Bescheidenheit vorzuspielen – einen der wichtigsten Schriftsteller meiner Generation» gemacht.[3]

Nur eine Sache hätte er damals schon richtig wahrgenommen, etwas, das bis heute geblieben sei: «meine unglaubliche, anormale Empfindlichkeit; meine unkontrollierbare Emotionalität; meine erschütternde Verletz-

Schon früh hat Michel Houellebecq versucht,
sich als Persönlichkeit zu entwerfen.

lichkeit». Er müsse hier noch einmal auf seine Mutter zurückkommen, ein letztes Mal. Es klinge hart, aber als er ein Baby gewesen sei, habe seine Mutter ihn nicht genug liebkost und gestreichelt. Sie sei einfach nicht zärtlich gewesen, das sei alles und erkläre den Rest. Heute noch leide er furchtbar, wenn eine Frau sich weigere, ihn zu streicheln, und zwar so sehr, dass er lieber auf jeden Versuch der Verführung verzichte, als sich dem auszusetzen: «In diesen Momenten glaube ich zu sterben, wirklich ausgelöscht zu werden.» Und er wisse, so schreibt er (und das klingt dann tatsächlich sehr pathetisch), dass er bis zu seinem Tod «ein ganz kleines zurückgelassenes Kind» bleiben werde, «das, hungrig nach Zärtlichkeit, vor Angst und Kälte schreit».[4]

So beginnt der autobiographische Versuch von Michel Houellebecq im Jahr 2005 – und die heiklen Punkte werden schnell benannt: das Geburtsdatum, der Name und, vor allem, die Mutter. Michel Houellebecq, das scheint verbürgt, wurde als Michel Thomas am 26. Februar 1958 auf der Insel La Réunion geboren. Seine Mutter, Janine Ceccaldi, arbeitete dort als Ärztin, sein Vater, René Thomas, war Bergführer. Er ist kein halbes Jahr alt, da brechen die Eltern zu einer Afrikareise auf, während der das Baby bei der Großmutter väterlicherseits im Pariser Vorort Clamart untergebracht wird. Als sie von der Reise zurückkehren, trennen sich die Eltern, die Mutter geht zurück nach La Réunion (sie bekommt dort ein zweites Kind von einem anderen Mann); der Vater zieht nach Frankreich – und

Michels Großeltern mütterlicherseits holen den Jungen zu sich nach Algerien. So wächst Michel Thomas in Algier auf, bis das Land 1962 unabhängig wird und die Mutter des Vaters ihn in Frankreich wieder bei sich aufnimmt. Sie wird zum wichtigsten Menschen in Michels Kindheit: Henriette Houellebecq lautet ihr Mädchenname, den Michel 1978 anzunehmen beschließt. Es ist ein seltener und aufgrund des «elle»-Lautes weiblich klingender Name; ein Name, den der von Houellebecq verehrte französische Oulipo-Schriftsteller Georges Perec in einem Wortspiel sicher in «Où est le bec» transformiert hätte, wie Michels Freund Yan Céh einmal spekulierte.[5] Wobei «bec» ja vieles zugleich bedeuten kann: die Spitze einer Feder, das Mundstück eines Instruments, der Schnabel eines Vogels.

Er habe gestern Abend ein paar Seiten einer Biographie gelesen, die ein Journalist namens Demonpion über ihn geschrieben habe und die nun erscheine, so Michel Houellebecq weiter in seinem Tagebuch. Es gebe ein paar Dinge in seinem Leben, die für ihn selbst ein Rätsel seien und die aufzuklären er sich sehr wünsche. Zum Beispiel: «Warum wurde ich, als wir 1962 Algerien verließen, zu meiner Großmutter väterlicherseits (Houellebecq) geschickt, anstatt bei meiner Großmutter mütterlicherseits zu bleiben (Ceccaldi)? Wenige Menschen wissen das. Die Seiten der Biographie, die ich im Internet gelesen habe, zeigen aber ganz klar, dass Demonpion für seine Angaben über jene Jahre nur eine einzige Quelle gefunden hat: meine Mutter, die allen Grund hat, zu lügen, um ihre wahren Beweggründe zu kaschieren.»

Und da ist plötzlich klar, was ihn antreibt; warum er diesen autobiographischen Versuch tatsächlich unternimmt: Michel Houellebecq sieht sich, angesichts der in jenen Tagen erscheinenden Darstellung seines Lebens außerstande, etwas anderes zu tun, als auf diese zu reagieren. Er will dem Journalisten Demonpion nicht das Feld überlassen und nicht die Deutungshoheit über sein Leben. Wenn der Biograph bei der Beantwortung der Frage «Wer ist Michel Houellebecq?» als eine der wichtigsten Quellen Houellebecqs Mutter anführt, dann kommt dem Sohn das wie eine Aufforderung vor, sich zu wehren und ihren Aussagen «seine Version des Spiels» entgegenzusetzen. Ein Kampf wird ausgetragen. Und diesem Kampf verdanken wir den autobiographischen Text eines Autors, der eigentlich der Meinung ist, sein Leben helfe nicht weiter, wenn man herausfinden wolle, wer er sei.

Allerdings ist es nicht so, dass die Biographie von Denis Demonpion, die ein Jahr später unter dem Titel «Michel Houellebecq. Die unautorisierte Biografie» im Verlag Schwarzkopf & Schwarzkopf auch auf Deutsch erscheint, für den Schriftsteller überraschend kommt. Er wusste im Vorfeld davon, denn Demonpion, der bei der Wochenzeitschrift «Le Point» arbeitete, hatte ihn kontaktiert, was den Schriftsteller kurzzeitig auf die Idee brachte, einfach selbst eine Autobiographie zu schreiben, damit alle Fragen ein für alle Mal geklärt seien. Dann aber, so Houellebecq, hatte er einen Einfall, den er noch viel hinreißender fand: Er würde Demonpion die Biographie recherchieren und schreiben lassen, der könnte ihm dann das Manuskript schicken, sobald es fertig sei. Er würde es lesen und dem Ganzen seine Fußnoten hinzufügen. So würde er in keiner Weise in den Text eingreifen, und Demonpion könnte ihm im Gegenzug seinen ganzen Respekt erweisen, indem er ihm bei den Kommentaren in den Fußnoten freie Hand ließe. Houellebecqs Lektor beim Verlag Flammarion, Raphaël Sorin, schaltete sich ein. Er schrieb Demonpion eine E-Mail, in der er ihm den Vorschlag genauer erklärte. Der Biograph hatte gesagt, dass er Michel Houellebecq unbedingt treffen wolle; der wiederum antwortete, er würde nur einwilligen, wenn Demonpion den Vorschlag annähme. «Er überlegte und lehnte ab; ich finde, dass das schade ist.»[6] Anschließend habe er das Interesse an «Demorpions» Projekt verloren (Houellebecq schreibt den Namen des Biographen, den er zwischendurch gern auch mal nur «diesen Menschen» nennt, von nun an absichtlich falsch: «morpion» heißt auf Französisch Filzlaus). Er habe ihm keine Steine in den Weg gelegt. Wenn Leute ihn, Houellebecq, gefragt hätten, ob sie Demonpion Auskunft geben sollten, dann habe er sie gebeten, es nicht zu tun. Aber von sich aus habe er nichts gegen ihn unternommen.

Denis Demonpions Biographie ist ein aufdringliches und im Tonfall unangenehmes Enthüllungsbuch: «Mit seinem kränklich anmutenden Erscheinen, das vor Angriffen schützt, gefällt sich Michel Houellebecq in hochmütiger Geheimnistuerei. Das vorliegende Buch will dieses Geheimnis lüften.»[7] Demonpions sogenannte Enthüllung fängt mit dem Namen an: «Die auffälligste Manipulation besteht in der Änderung seines Familiennamens: Die Tatsache, dass er den Namen seiner Großmutter väterlicherseits annimmt, anstelle des eigenen, war für mich Anlass zur Verwunderung.» Es geht beim Geburtsjahr weiter, das Demonpion unverständlicherweise noch einmal verdreht: «Houellebecq ist nicht 1958 geboren, das Geburtsdatum, zu dessen Verbreitung er selbst beigetragen hat, sondern bereits zwei Jahre früher.»[8] Und es betrifft auch die Mutter, die keineswegs tot sei, wie der Schriftsteller einmal behauptete, weil sie nach der Auseinandersetzung bei ihrer letzten Begegnung für ihn tatsächlich gestorben war. Sie gab dem Biographen an ihrem Wohnort La Réunion sogar ein Interview.

Neuer Name, neues Geburtsdatum, neue Familiengeschichte – Demonpion empört sich: «Michel Houellebecq konstruiert sein Leben wie seine Romane – sorgfältig, fleißig und methodisch.» Er sei keineswegs der bemitleidenswerte Antiheld, als der er sich ausgebe, sondern ein versierter Medienprofi, der Informationen über seine Person bewusst lanciere. Warum auch nicht, möchte man entgegnen. Wenn Thomas Pynchon sich seit 1963 von der Öffentlichkeit abschottet, wirft ihm dies ja auch niemand vor. Demonpion aber schäumt vor Empörung. Er schildert eine Szene, in der Michel Houellebecq eines Abends zusammen mit einem Freund, dem Schriftsteller Frédéric Beigbeder, in dessen Wohnung sitzt und beide sich leicht angetrunken darüber unterhalten, wie sie sich als Teenager auf Partys Körbe einfingen. Als sie das Lied «Nights in White Satin» hören, beginnt Houellebecq auf einmal zu weinen: «Sie haben alle Slow getanzt und ich war ganz allein», erinnert er sich. «So heult er sich aus in den Alkoholdünsten und der unglücklichen Erinnerung an die Partys der Teenagerzeit», lästert Demonpion. Er teilt Einzelheiten über Houellebecqs Verdauung als Baby mit. Ist Houellebecq einmal verliebt, gesteht Demonpion ihm dies allenfalls in Anführungszeichen zu, als «Verliebtheit». Auch den Mord an einem Kanarienvogel wirft er ihm vor – als hätte nicht selbst Heinrich Heine einmal aus Eifersucht einen Papagei getötet. Stets unterstellt er Houellebecq die niedersten Beweggründe, doch letztlich mit wenig Wirkung: «Demonpion will beweisen, was für ein schlechter Mensch Michel Houellebecq ist, und diskreditiert dadurch nur sich selbst.»[9] Beim Lesen misstraut man bald jeder Zeile dieses Buches, das Michel Houellebecqs Leben in allen psychologischen Winkelzügen und Details rekonstruiert. Dabei sind durchaus auch interessante und Erkenntnis stiftende Gesprächsprotokolle von Weggefährten darunter, die sehr zuverlässig erscheinen. Doch setzt der Grundton sie oft in ein schlechtes Licht.

Vielleicht hätte den Schriftsteller das alles nicht weiter gestört. Vielleicht hätte er sogar Spaß an den Ungenauigkeiten und Fehlern gehabt, die in der Biographie zu finden sind und die das Verwirrspiel um seine Person nur weiter antrieben. Aber dass die Worte der Mutter unwidersprochen zur Geltung kamen, änderte alles. Es brachte ihn so sehr auf, dass er gleich auch allen anderen, die Demonpion

Auskunft gegeben hatten (er ließ sich die Liste der rund 130 in der Danksagung genannten Namen von jemandem am Telefon vorlesen, der das Buch bereits hatte), die Freundschaft aufkündigen wollte: «Alle meine Freunde haben mich betrogen. Fast alle», schreibt er. Er wolle eine private Untersuchung starten, wen der Biograph zu Recht genannt habe und wen zu Unrecht. «Keine meiner Liebschaften hat mich verraten. Absolut keine», fügt er noch erleichtert hinzu. «Keine der Frauen, mit denen ich im Laufe meines Lebens eine Liebesbeziehung gehabt habe (nicht einmal dann, wenn die Beziehung schlecht ausgegangen ist, wenn es schreckliche Momente gegeben hat, haben sie eingewilligt und sich ihm mitgeteilt). (...) Sie haben es nicht getan. Es gehört uns.»[10]

Michel Houellebecq schloss 1978 sein Studium der Agrarwissenschaft ab, das er zusammen mit einem Freund, dem heutigen Künstler und Schriftsteller Pierre Lamalattie, begonnen hatte (schon damals im grünen Parka, der später zu seinem Markenzeichen werden sollte, wie der Freund sich erinnert; schon damals mit der Eigenart, seine Rede durch langes Schweigen zu unterbrechen und nur ab und zu ein «hum?» oder «oui?» einzuwerfen).[11] Michel sei in der Studienzeit weder politisch rechts noch links, weder gläubig noch sportlich gewesen, so Lamalattie. Er habe eine Literaturzeitschrift mitgegründet, «Karamazov», in der er unter verschiedenen Pseudonymen schrieb. Und er habe einen Film mit dem Titel «Cristal de souffrance» («Kristall des Leidens») gedreht, denn das Kino interessierte ihn als Kunstform zu diesem Zeitpunkt fast mehr als die Literatur.[12] Nach seinem Abschluss als Landwirtschaftsingenieur bewarb er sich mit Erfolg um einen Studienplatz in der Sektion für Film der «École nationale supérieure Louis-Lumière», die er jedoch 1981 verließ, weil er kein Geld mehr hatte[13]: «Ich mochte Murnau und Dreyer sehr; ich mochte auch all das, was man den deutschen Expressionismus genannt hat – auch wenn der wichtigste bildliche Bezugspunkt dieser Filme wahrscheinlich mehr die Romantik als der Expressionismus ist. Sie studieren die Faszination der Reglosigkeit, die ich versucht habe, in Bilder, später in Worte umzusetzen.»[14] 1980 heiratet er, ein Jahr später wird sein Sohn Étienne geboren. Die Ehe hält nicht lange, Michel Houellebecq leidet unter Depressionen und begibt sich in Behandlung. Als Informatiker nimmt er 1983 eine Stelle im Beratungsunternehmen Unilog an, wechselt aber bald ins französische Landwirtschaftsministerium. Seine zweite Frau, Marie-Pierre Gauthier, lernt er im Büro des Verlags La Différence kennen, wo sie arbeitet. Ab 1991 sind sie offiziell ein Paar und heiraten sieben Jahre später, zwei Monate vor Erscheinen des Romans «Elementarteilchen».

Auslöser seiner Wut über Demonpions Biographie ist die von der Mutter kolportierte Version ihrer letzten Begegnung, die ebenfalls im Jahr 1991 stattfand. Die Mutter ist zu Besuch in Paris, gemeinsam mit Houellebecqs Sohn Étienne kommt es zu einem Treffen. Janine Ceccaldi erinnert sich – Demonpion zufolge – an diese Begegnung so: «Ich wollte sie zu einem guten Essen einladen, am liebsten thailändisch, das mögen wir gerne. Aber sie bestanden auf McDonald's, wo ich also mit ihnen hingegangen bin. Ich habe nichts gegessen, aber das Essen bezahlt. (...) Wie immer hat Michel nur von sich erzählt. An dem Tag wollte er unbedingt wissen, wie es seiner *Nénenne* ging, seinem Kindermädchen, für das er sich bis dahin niemals interessiert hatte. Dann sprachen wir über seine kurz zurückliegende Erfahrung mit der Exhumierung der toten Großmutter. In Anbetracht meines Alters und seiner Verantwortung, sich darum zu kümmern, wenn ich einmal sterben sollte, teilte ich ihm meinen letzten Willen mit. Ich erzählte ihm von meinem Wunsch, bei meinem Vater in Algerien beigesetzt zu werden, dort ist ein Platz frei und die Toten werden nicht behelligt. Das gefiel ihm offenbar gar nicht. Wir kamen darüber auf den Golfkrieg zu sprechen, ein Ereignis, das mich zutiefst erschüttert hat. Und zu meiner großen Überraschung erhob sich mein Michel, der niemals Interesse für irgendetwas außer sich selbst gezeigt hat, vor allem nicht für irgendetwas Politisches, plötzlich zum unerbittlichen Inquisitor.» Er habe sich aufgeregt, auf die Araber geflucht, die Schwarzen, «diese Primitiven». «Mein Sohn war bis dahin ein friedlicher und gleichgültiger Mensch, der schrieb und dessen einzige Sorge es war, auf Kosten verschiedener Personen zu leben. Er war freundlich, höflich, liebenswürdig und sogar recht liebevoll. Urplötzlich treffe ich ihn als ultrarechten Fanatiker wieder, der sagt, dass man die Kanaken plattmachen müsse.» Das sei alles wegen ihrer «bescheuerten Religion», habe er gesagt, woraufhin ihr Enkel aufgestanden sei und zu ihm gesagt habe: «Papa, es ist nicht gut, schlecht über

Michel Houellebecq im September 1995, ein Jahr nach Erscheinen von «Ausweitung der Kampfzone» in Frankreich.

die Religion zu reden.» Janine Ceccaldi kommentiert: «Sympathisch, der Enkel.»[15]

Michel Houellebecq will und kann das so nicht stehenlassen. Sein autobiographisches Fragment liest sich wie eine Richtigstellung aus gegebenem Anlass, wie eine Korrektur: Ihr letztes Treffen habe tatsächlich zusammen mit seinem Sohn stattgefunden, und sie hätten auch über den ersten Golfkrieg gestritten, wobei «meine Mutter Saddam Hussein wie wild verteidigte», schreibt er. «Es war nur so, dass mein Sohn die Position der Amerikaner vertrat und nicht ich, und dass es in Wirklichkeit ihre Unterhaltung war, die, als sie schärfer wurde, zum Bruch führte.» Ihr «sympathisch, der Enkel» habe ihm beinahe ein Lächeln abgetrotzt, oder besser: ein krampfhaftes Lachen. Wie unbeugsam proamerikanisch sein Sohn war, habe auch er erst in diesem Gespräch begriffen. «Er hatte nachgedacht und für sich allein eine sehr umfassende Argumentation entwickelt. Er war ja erst zehn Jahre alt und hielt der Alten, ohne schwach zu werden, stand. Es kann sein, dass ich am Ende etwas Öl ins Feuer gegossen habe, mit ein paar anti-islamischen Beleidigungen, aber das war überflüssig, es war schon heftig genug, ohne dass ich mich einmischte. Im Grunde erinnere ich mich nicht gut daran, was ich gesagt haben kann. Woran ich mich aber sehr gut erinnere, ist, immer deutlicher gespürt zu haben, wie von Minute zu Minute meine Hoffnung wuchs, dass dieser unvorhergesehene Streit zu einem unverhofften Ergebnis führen könnte: dass er nämlich die Voraussetzungen für den endgültigen Bruch zwischen mir und meiner Mutter schaffen und damit auch ihren Besuchen in großen Abständen (einmal im Jahr, wenn überhaupt) ein Ende machen würde, deren Notwendigkeit ich immer weniger verstand, weil auf der Hand lag, dass sie meine Frau hasste, sich in keiner Weise für ihren Enkel interessierte und die Beziehung zwischen ihr und mir aus einer Mischung von Unausgesprochenem und Wut bestand, die keine Chance hatten, zerstreut zu werden.» Als er mit seinem Sohn aufstand, um zu gehen, habe er gewusst, dass er seine Mutter nie wiedersehen würde – «ich zitterte vor Freude».[16]

So waren zwei Versionen einer Geschichte in der Welt und eine Menge weiterer Gerüchte, die sich um diese Versionen rankten. Wie immer, wenn es Gerede gibt, blieb davon etwas hängen und wurde in der Presse weitergetragen. Als der Schriftsteller Salman Rushdie zehn Jahre später für Michel Houellebecq Partei ergriff, der nach Erscheinen seines Romans «Plattform» im Sommer 2001 in einem Interview mit der Zeitschrift «Lire» den Islam «die bescheuertste Religion von allen» genannt hatte, wurde er zum Opfer dieser Gerüchteküche. Michel Houellebecq, so Rushdie, heiße in Wirklichkeit Michel Thomas. «Er nahm den Mädchennamen seiner Mutter an, nachdem diese einen Muslim heiratete und zum Islam übertrat. In unserem Zeitalter des Personenkults, wo als unerschütterliche Wahrheit gilt, dass das Leben eines Schriftstellers den Schlüssel zu seinen Romanen enthält, wo die Fiktionalität der Fiktion regelmäßig ignoriert wird und wo Romane als

Wirklichkeit in Verkleidung gelten, wird dieses Detail aus Houellebecqs Leben bei vielen ein lautes ‹Aha!› hervorrufen oder schon hervorgerufen haben.»[17] So ging Rushdie, ohne es zu wollen, in die Falle.

Michel Houellebecq hat den Fehler richtiggestellt, allerdings ohne ihn Salman Rushdie anzulasten. Er habe schon in der französischen Presse lesen können, dass seine Mutter zum Islam konvertiert sei. Die englische Presse habe dem dann offenbar noch ein knuspriges Detail hinzugefügt, nämlich dass seine Mutter einen Muslim geheiratet habe. «Nichts von alldem ist wahr. Meine Mutter hat in ihrem Leben viel Unsinn gemacht, aber das nicht. Die englische Presse hat sich auch ausgedacht, dass ich als ‹Pseudonym› den Namen meiner Mutter gewählt habe. Houellebecq war der Name meiner Großmutter väterlicherseits, die meine Mutter hasste.» Salman Rushdie treffe aber keine Schuld. Er wird es in der Presse gelesen haben. Wie Houellebecq selbst gehöre er der Generation an, die sich nicht von dem Gedanken lösen könne, dass das, was in der Zeitung stehe, wahr sei; ihm gehe das auch immer noch so.[18]

Es gibt in Michel Houellebecqs Werk, gerade zu Beginn seiner schriftstellerischen Laufbahn, eine Reihe von Büchern, die dem Leser eine autobiographische Lesart geradezu aufzudrängen scheinen. Dazu gehört schon «Rester vivant», «Lebendig bleiben», das 1991 als einer seiner ersten Texte veröffentlicht wurde. Denn bereits in diesem kleinen Buch taucht eine Figur namens «Michel» auf. Schon hier legt der Autor also die autobiographischen Häppchen wie Köder aus, an denen sich seine Leser, so sie es denn möchten, satt essen dürfen. Er tut das, indem er den «Michel» im Text dem echten Michel ähnlich sehen lässt oder die Erzählung so anlegt, dass mit dem einen zugleich auch der andere gemeint sein könnte: «Michel ist fünfzehn. Kein Mädchen hat ihn bisher je geküsst. Er würde gern mit Sylvie tanzen; aber Sylvie tanzt mit Patrice, und ganz offensichtlich macht ihr das Spaß», heißt es gleich zu Beginn. «Er ist gelähmt; die Musik durchdringt ihn bis in sein Innerstes. Ein traumhafter Slow von unwirklicher Schönheit. Er hat nicht gewusst, dass man derart leiden kann. Seine Kindheit ist bis zu diesem Zeitpunkt glücklich gewesen.» Und in diesem Ton geht es weiter: «Michel wird nie den Kontrast zwischen seinem im Leid erstarrten Herzen und der erschütternden Schönheit der Musik vergessen. Seine Sensibilität ist dabei, sich zu entwickeln.»[19] «Ein Leitfaden» heißt der Untertitel des Buchs. «Lebendig bleiben» erzählt von den Verletzungen, aus denen Literatur entsteht; das Beispiel von «Michel» ist eines von vielen.

Ob das Buch so konzipiert sei wie Rainer Maria Rilkes «Brief an einen jungen Dichter», wurde Houellebecq einmal gefragt. Ja, sagte der, aber näher dran sei man wohl mit Baudelaires «Ratschlägen an junge Literaten», weil Rilke, als er den «Brief» schrieb, schon ein erfahrener Dichter gewesen sei, während Baudelaire, als er seine «Ratschläge» erteilte, noch nichts publiziert hatte. Es handelt sich um einen poetologischen Text, was man aber erst auf den zweiten Blick realisiert. Auf den ersten denkt man bei

«Michel» selbstverständlich an Michel Houellebecq und ist sofort versucht, das, was man über diesen erfährt, mit den zwei oder drei Dingen abzugleichen, die man über Houellebecqs Leben weiß.

Das gilt auch für «Ausweitung der Kampfzone», seinen ersten Roman. Der Ich-Erzähler ist hier ein mittlerer Angestellter bei einer Software-Firma, der Dienststellen des Landwirtschaftsministeriums mit einem neuentwickelten Computerprogramm vertraut machen soll. «Am Freitagabend war ich bei einem Arbeitskollegen eingeladen. Ungefähr dreißig Leute, alles mittlere Führungskräfte, fünfundzwanzig bis vierzig Jahre alt», heißt der erste Satz des Romans.[20] Und in der Angestelltenwelt ist dieses Buch dann auch zu Hause: «Lange bevor das Wort in Mode kam, hat meine Firma eine regelrechte ‹Unternehmenskultur› entwickelt (Schaffung eines Logos, Verteilung von Sweat-Shirts an die Angestellten, Motivationsseminare in der Türkei).» Der Ich-Erzähler im Bürokosmos stellt sich als Experte in der Analyse von Gruppendynamiken und Hierarchien heraus: «Die Gruppe besteht aus gut fünfzehn Personen; vor allem Sekretärinnen und mittlere Führungskräfte, vermutlich Techniker. Sie sehen nicht sonderlich bösartig aus, aber auch nicht so, als würde die Informatik sie groß interessieren. (…) Ich bemerke sofort, von wo Gefahr droht: von einem ziemlich jungen, großgewachsenen, schlanken und wendigen Typ mit Brille. Er sitzt ganz hinten, wie um die anderen zu überwachen; ich nenne ihn insgeheim ‹die Schlange›, aber schon während der Kaffeepause stellt er sich mit dem Namen Schnäbele vor. Er ist der künftige Chef der gerade entstehenden Informatikabteilung, und er scheint sehr zufrieden damit.»[21] Wie sollte man da nicht an den sechsunddreißigjährigen Computerspezialisten Houellebecq denken, ehemals angestellt bei einer IT- und Consultingfirma mit ausgeprägter Unternehmenskultur, bei der Nationalversammlung und beim Landwirtschaftsministerium? Lag es nicht nahe, dass er seine Erfahrungen in den Angestelltenbüros der Firma und der Behörde in den Roman hatte einfließen lassen?

Diese offensiv ausgelegten Spuren, die auf sein eigenes Leben verweisen, gipfelten schließlich 1998 in dem Roman, mit dem Michel Houellebecq berühmt wurde: «Elementarteilchen». Da gab es eine Mutter, die ihre Söhne verließ, weil sie ihre sexuelle Freiheit ausleben wollte. Es gab eine Jugend bei den Großeltern, das Leben als Angestellter, die Tage vor dem Computer, die Arbeitslosigkeit, die Depression und die Psychiatrie.[22] Vor allem aber hieß die egoistische lieblose Roman-Mutter aus der Achtundsechziger-Generation, die alles Mögliche tat, außer sich um die eigenen Kinder zu kümmern, Janine Ceccaldi. Sie trug also den Namen der Mutter des Schriftstellers Michel Houellebecq und schien auch sonst so manches mit ihr gemein zu haben.

Der Roman erzählte, dass sie im französischen Algerien aufgewachsen war, Medizin studiert und geheiratet hatte. «Das Paar führte, was man später eine moderne Ehe nennen sollte», hieß es, und «die mühselige Pflege, die das Aufziehen eines kleinen Kindes erfordert, erschien dem

Paar sehr bald unvereinbar mit ihrem Ideal der persönlichen Freiheit». Einer der Söhne wurde zu den Großeltern nach Algier geschickt. Michel, dem mit einem anderen Mann gezeugten zweiten Sohn, ging es nicht besser. Sein Vater fand «das kleine Wesen» auf dem Boden rutschend zwischen «einer Pfütze aus Urin oder Exkrementen», brachte ihn bei seiner eigenen Mutter unter und war alsbald in Tibet verschollen. Am Ende des Romans trafen sich die beiden Söhne am Sterbebett der Mutter, wo der eine sie mit den Worten begrüßte: «Du bist eben eine alte Schlampe ... Du verdienst es zu verrecken.»[23]

Die echte Janine Ceccaldi holte, nachdem ihr das Buch in die Hände gefallen war, zum Gegenschlag aus. Im Jahr 2008 veröffentlichte sie unter dem Namen Lucie Ceccaldi, wie sie inzwischen genannt werden wollte, in Frankreich ihre Autobiographie mit dem Titel «L'Innocente», «Die Unschuldige», der «Le Monde» die dritte Seite widmete (mehrere Verlage hatten das Buch vorher abgelehnt). In einer Vorbemerkung an den Leser erklärte die damals Dreiundachtzigjährige zwar, eine «Abrechnung» mit dem berühmten Sohn werde es nicht geben.[24] Doch teilte sie im Nachwort, das der Verlag Scali zur Bedingung für die Veröffentlichung gemacht hatte, dann kräftig aus: «Michel und ich werden wieder miteinander reden, wenn er sich mit den ‹Elementarteilchen› in der Hand öffentlich hinstellt und sagt: Ich bin ein Lügner (...) und bitte um Entschuldigung», konnte man dort lesen. «Mein Sohn soll zum Teufel gehen, mit wem er will. (...) Ob er noch ein Buch schreibt, interessiert mich nicht die Bohne. Aber falls er das Pech hat, noch einmal meinen Namen auf irgendein Ding zu setzen, dann kriegt er eine Krücke in die Zähne, so viel ist sicher!»[25]

Sich selbst präsentierte sie dagegen als eine schon immer bewundernswert unabhängige Frau, die es ebenso schwer hatte mit einer tyrannischen Mutter und einer engen bürgerlichen Moral im kolonialen Frankreich; die gerne Tänzerin geworden wäre, sich noch während des Pétain-Regimes bei den Kommunisten engagierte, die keine Angst vor Schlägereien hatte, Madagaskar und Indien bereiste, sich beim Bergsteigen in einen Bergführer verliebte und diesen schon vor der Geburt des gemeinsamen Kindes, des späteren Michel Houellebecq, mit einem schönen Taucher auf La Réunion betrog, wo sie inzwischen eine Stelle angetreten hatte.[26]

Dieser Schlagabtausch, der Kampf um die Deutungshoheit, führt nur zu deutlich vor Augen, wie sehr die autobiographische Lesart der Werke von Michel Houellebecq tatsächlich ins Leere führt. Die Bezüge sind da, und natürlich schöpft er schreibend aus dem Vollen. Bloß präsentiert er, wie die Mutter feststellen muss, dabei zum einen immer nur eine Wahrheit, nämlich seine eigene. Zum anderen wählt er aus, verfremdet, übertreibt. Er fiktionalisiert; und erzeugt damit jenen Bedeutungsspielraum, mit dem er Gewissheiten – und das heißt auch: biographische Gewissheiten – erschüttern will und den Zweifel nährt. Das Spiel mit wiedererkennbaren Details, die auf das Leben oder die Person des Autors verweisen, gehört somit zu seinen literarischen Verfahren. Die Ähnlichkeiten sind augenscheinlich, selbst wenn der Leser nur wenig über den Autor Houellebecq weiß, so plakativ legt er sein Spiel an. Die biographische Spur führt aber nie direkt zur Person des Autors, sondern immer knapp an ihr vorbei.

Am Ende, darin ist er konsequent, erschüttert er auch die Wahrheit seiner autobiographischen Notizen: «Mourir II», «Sterben II», heißt ein dem Tagebuch nachgeschobener Text, der mit keinem Datum versehen ist und den Eindruck erweckt, als sei er viele Jahre danach entstanden. Seine Tagebuchaufzeichnungen von damals aufs Neue zu lesen, schreibt Houellebecq darin, habe ihm einige Sorgen bereitet. Wenn er in seinem Leben etwas hervorgebracht habe, das in Anspruch nehmen wolle, ein «autobiographisches Fragment» zu sein, dann sei es nicht unwahrscheinlich, dass er einmal mehr Komödie gespielt haben könnte. Er hätte aber Schlimmeres erwartet: «Alles, was mich angeht, meinen Vater, meine Mutter usw., ist fast ausnahmslos richtig. Wirklich entgleiten tun die Dinge dort, wo ich von mir spreche, allein von mir. Meine Selbstdarstellung als armes kleines Katzenbaby, das von seiner Mutter verlassen wurde, ist zwar sehr anrührend: Ich erkenne darin, nicht ohne eine gewisse Verlegenheit, allerdings eine Strategie, mit der ich in meiner Jungend und sogar noch danach Mädchen angemacht habe. Das zog bei allen Mädchen, bei denen die Geschichte ein Gefühl der Mütterlichkeit auslöste: also ungefähr 98 Prozent aller Mädchen. Manchmal klappte es sogar bei Dreizehnjährigen, die Hormone, es ist verrückt, wenn man daran denkt.»[27]

Michel Houellebecq mit seinem Welsh Corgi
Clément und seinem Freund Frédéric Beigbeder
vor dem Restaurant «Drouant» in Paris.

So wischt er die Bedeutung dessen, was er im Jahr 2005 notiert hatte und was unter dem unmittelbaren Eindruck der gerade erschienenen Biographie im Verdacht stand, im Affekt geschrieben worden zu sein, zumindest halb wieder weg. So arm dran sei er nun auch wieder nicht gewesen. Ein weiteres Mal beweist er damit seine eigene Unzuverlässigkeit, als wolle er seinen Lesern zuraunen: Misstraut mir, wie ich mir selbst misstraue. Man könne, fügt er noch hinzu, im strengen Sinn nicht einmal sagen, dass er gelogen habe, als er sich als armes vernachlässigtes Baby schilderte. Die Wahrheit sei: Er wisse nichts, absolut gar nichts über die Jahre seiner frühesten Kindheit. Seine Mutter sei in seinen ersten Lebensjahren sehr wahrscheinlich gar nicht anwesend gewesen. Er habe den Eindruck, sie erst sehr viel später und eher zufällig kennengelernt zu haben. Eine Kinderfrau habe es gegeben; von Anfang an müsse es eine gegeben haben, anders sei das gar nicht vorstellbar: «Wenn die Liebe einmal da ist, kommt es kaum mehr oder gar nicht darauf an, woher sie kommt.»[28]

Ist damit alles nur ein Verwirrspiel der Erzählinstanzen, mit dem er die Leser seiner Bücher in den Figuren vergeblich deren Autor suchen lässt? Natürlich nicht. Es geht um mehr, um weit mehr sogar. Michel Houellebecq legt es darauf an, die psychologische Lesart seiner Bücher ins Leere laufen zu lassen. Doch bedeutet das nicht, dass die Kindheitserfahrungen und das Gefühl, insbesondere von der Mutter verlassen worden zu sein, weil dieser ihr eigenes esoterisches Projekt der Selbstfindung in Selbsterfah-

rungskursen, spirituellen Camps und Sekten wichtiger
war als ihr Sohn, in seinem Werk keine Rolle spielen. «Sie
haben mich der Obhut meiner Großeltern überlassen, sodass ich sie während meiner Kindheit sehr selten gesehen
habe. In gewisser Weise waren sie die Vorreiter der anschließenden großen Welle der familiären Auflösung», hat
Michel Houellebecq im April 1996 in einem Interview mit
der französischen Zeitschrift «Les Inrockuptibles» über
seine Eltern gesagt und mit diesen Worten angedeutet,
wofür die Erfahrungen seiner Kindheit ein Motor waren.
Denn Michel Houellebecq schreibt in «Ausweitung der
Kampfzone» und noch viel mehr in «Elementarteilchen»
gegen etwas an: gegen den Mythos 1968.

Wenn das Jahr 1968 für viele «das große Gefühl» bedeutet, dann sicher nicht für Michel Houellebecq. Der deutsche Publizist Klaus Hartung, der in den sechziger Jahren
im Sozialistischen Deutschen Studentenbund (SDS) war,
später Redakteur bei der «taz» und der «Zeit», hat in einem
rückblickenden Jubiläumsartikel einmal hervorgehoben,
dass eine ernsthafte Beschäftigung mit Achtundsechzig
ohne Freude am Paradox kaum denkbar sei: «Die List der
Geschichte war mindestens so mächtig wie die Revolte:
68 scheiterte an dem, was es wollte, und war erfolgreich
mit dem, was es nicht wollte. Wir bekämpften die reprä-
sentative Demokratie und ernteten eine gestärkte re-
präsentative Demokratie. Wir bekämpften den Staatsap-
parat und bekamen eine liberale Staatsgewalt. Die obrig-
keitshörige Beamtenschaft und der Untertanengeist ver-
schwanden. Die Revolte strapazierte – und vitalisierte die

formale Demokratie.» Daneben, so Hartung, habe es auch lineare Erfolgsgeschichten gegeben: «die Frauenbewegung oder die Veränderung der Kindererziehung, die mit den Kinderläden begann»; die Veränderungen bei «Verhaltensnormen, Lebensformen, Bildung und Sozialpolitik». Ein buntes Gemisch aus alternativer Kultur und Sozialstaat sei hier entstanden. «Der Staat sollte Kreativität freisetzen, jugendliche Delinquenten nur therapieren und Einzelfallgerechtigkeit herstellen; Ausländer retteten uns vor dem Deutschsein; Eltern versagten nicht, sondern brauchten finanzielle Zuwendungen, Schuleschwänzen war keine Frage der Disziplin, sondern der Therapie. Ein unübersehbarer Teppich von Initiativen, Beratungen, Kommissionen, Forschungen breitete sich aus.»[29]

Von Michel Houellebecq könnte ein solches Resümee weiter nicht entfernt sein. Für ihn ist 1968 das womöglich erfolgreichste kapitalistische Projekt der Geschichte. Nicht trotz, sondern wegen Achtundsechzig sitze das kapitalistische System heute fester im Sattel als jemals zuvor. Auf verbreiterter Geschäftsgrundlage wurde es leistungsfähiger durch Liberalisierung, attraktiver durch Entkrampfung der Lebensstile – ein immenser Legitimationsgewinn. Achtundsechzig verstärkte massiv ohnehin ablaufende Individualisierungsprozesse, ohne die der Siegeszug der globalen Unterhaltungsindustrie, von Bill Gates und Ben & Jerry's nicht denkbar wäre. 1968, das ist die Einführung des Marktes in bisher ungeschützte Bereiche. Der Mai 1968, so Michel Houellebecq, habe nur dazu gedient, «die wenigen moralischen Regeln zu brechen», die dem «gefräßigen Lauf bis dahin noch im Wege standen», schreibt er in «Die Welt als Supermarkt».[30]

Statt also den Mythos Achtundsechzig und die damit verbundenen Erzählungen fortzuschreiben, hat Michel Houellebecq von Beginn an «die sozial-darwinistische *dark side* der sogenannten Befreiungen und Bewusstseinserweiterungen» zur Sprache gebracht: Suizide, Demütigungen, Konsumzwänge, Depressionen, Sarkasmen, Ausbeutungen.[31] Und die Art und Weise, wie er dies tat, die Unbeugsamkeit, mit der er 1968 deutete, legte durchaus nahe, dass sie aus der untergründigen Wut seiner Lebenserfahrung befeuert wurden. Er war mit dieser Perspektive, die die dunkle Seite des gesellschaftlichen Umbruchs in den Blick nahm, nicht allein. Frank Zappa hatte es vor ihm gemacht (mit dem Mothers-of-the-Invention-Album «We're Only in It for the Money» [1968] und dem berühmten Interview mit der «East Village Other», das in Rolf Dieter Brinkmann und Ralf-Rainer Rygullas «Acid. Neue amerikanische Szene» nachzulesen ist). Oder der italienische Filmregisseur und Dichter Pier Paolo Pasolini. «Die KPI an die Jugend!» heißt eines seiner Gedichte, das 1968 in der Zeitschrift «Nuovi Argomenti» erschien: «Die Journalisten aus aller Welt (mitsamt denen vom Fernsehen) lecken euch (wie man, glaube ich, immer noch sagt in der Sprache der Uni) den Arsch. Ich nicht, Freunde. Ihr habt Gesichter von Vatersöhnchen. Die rechte Art schlägt immer durch. Ihr habt denselben bösen Blick. Ihr seid furchtsam, unsicher, verzweifelt (ausgezeichnet!), aber ihr wisst auch, wie man arrogant, erpresserisch und sicher ist: kleinbürgerliche Vorrechte, Freunde. Als ihr euch gestern in Valle Giulia geprügelt habt mit den Polizisten, hielt ich es mit den Polizisten! Weil die Polizisten Söhne von armen Leuten sind. Sie kommen aus Randzonen, ländlichen oder städtischen. Was mich angeht, so kenne ich sehr wohl die Weise, wie sie als Kinder oder Jungen gelebt haben, die Weise, die kostbaren tausend Lire, den Vater, auch er ein Junge geblieben wegen des Elends, das keine Autorität verleiht.»[32]

Michel Houellebecq hat nie aufgehört, die «Linksintellektuellen» zu beschimpfen und sie für ihre Ideologisierungen zu verachten. Entsprechend grob fällt bis heute die «Retourkutsche der ehemaligen Revolutionäre» aus: Houellebecq sei «reaktionär, anti-feministisch, dekadent, miesepetrig, Sex-besessen»[33], urteilten sie, ohne tatsächlich zu begreifen, was dessen literarisches Projekt ist: der melancholisch-kontemplative und erschrockene «Blick in den Urwald der sozio-ökonomischen Machtkämpfe», der Blick auf die «in Permanenz stimulierten und schamlos ausgebeuteten Begierden».[34] Ob er alles verdamme, was 1968 angeht, wurde Michel Houellebecq einmal in einem Interview gefragt. «Ja», antwortete der, «alles».[35]

Der Schriftsteller

Am Anfang war Michel Houellebecq nur ein Gerücht, das aus Paris kam, ein Name, den man weitersagte und der außerhalb Frankreichs vor allem deshalb auffiel, weil kaum einer ihn richtig aussprechen konnte. Er kursierte in den vielfältigsten Varianten: «Ullebeck», «Huellebek», «Üllbäh» oder «Uällbeck»? Wie hieß der Mann richtig? Und wer war er, dieser Michel Houellebecq?

Heinrich von Berenberg war Anfang der neunziger Jahre Lektor im Wagenbach-Verlag und erinnert sich daran, den Namen das erste Mal von Pete Ayrton gehört zu haben. «Pete war Gründer von ‹Serpent's Tail›, einem der wenigen Verlage der englischen Literaturprovinz, die sich in den neunziger Jahren für die avantgardistische Literatur vom Kontinent interessierten. Der Name Houellebecq stellte ihn vor so beträchtliche Ausspracheprobleme, dass ich ihn unmöglich wieder vergessen konnte. Aber Pete schärfte mir auch ein, dass sich hinter diesem Namen nicht nur ein verrückter Autor, sondern eine literarische Neuheit erster Güte verbarg. Eine großartige Ohrfeige für die gesetzte, elitebewusste Pariser Literaturhierarchie und eigentlich alle Literaturpäpste in Europa.» Ayrton hatte der englischen Übersetzung von «Extension du domaine de la lutte», Houellebecqs erstem Roman, der 1994 in Frankreich erschien, den ziemlich nichtssagenden Titel «Whatever» gegeben. Wäre «Ausweitung der Kampfzone» in Deutschland genauso erfolgreich gewesen, wenn der Roman einfach «Egal» geheißen hätte?

Auf der Buchmesse in Paris, dem «Salon du Livre», suchte Berenberg den Verlag von Maurice Nadeau auf, in dem das Buch erschienen war. Nadeau war zwar ein berühmter Mann – «schon in der Schule hatte ich seine unvergessliche, wirklich epochale ‹Geschichte des Surrealismus› gelesen» –, aber der Stand seines Verlags, in dem auch die damals beste französische Literaturzeitschrift «La Quinzaine littéraire» erschien, war ganz klein, verglichen mit den riesigen Architekturen bei Gallimard oder Flammarion. «Nadeau saß hinter einem einfachen Tisch, mitten auf der Messe, mit einer sehr netten älteren Mitarbeiterin. Mir half der Name Wagenbach, der auch in Frankreich einen exzellenten Klang hatte. Er gab mir mit mürrischer Miene das Buch, und ich war doch erstaunt, wie schlicht, um nicht zu sagen hässlich, fast achtlos es gestaltet war. In meiner Erinnerung ein schwarz-weiß abgebildetes trostloses Banlieue-Gebäude, eigentlich ganz passend zu der faszinierend grauen Atmosphäre des Buchs. Man bekam damals noch eine sogenannte Option, das Buch wurde für uns ein paar Wochen lang reserviert, Nadeau trug mir Grüße an Klaus Wagenbach auf, und ich war entlassen.»

Sie haben das Buch dann gelesen, Heinrich von Berenberg und seine Kollegin Alexandra Le Faou, eine Französin, die genau wusste, welch literarische Provokation dieser Roman war, stilistisch und inhaltlich, und zwar nicht nur für die Leser, sondern auch für das stets optimistische, anspruchsvoll linksgestrickte Programm des Wagenbach-Verlags. «Alexandras Engagement war nötig, denn Klaus Wagenbach war zunächst gar nicht von dem Buch zu überzeugen. Er hatte nichts gegen Sex, aber es wurde ihm darin zu viel onaniert. Dass das bei diesem Autor durchaus seinen Sinn hatte, mussten wir ihm erst erklären, und Susanne Schüssler, Wagenbachs heutige Frau, die damals noch gar nicht lange im Verlag war, konnte ihn schließlich überreden. Ich glaube, wir haben einen Vorschuss von 3000 Euro bezahlt und über 200 000 Exemplare verkauft. Das lag sicher auch an dem schönen Umschlag mit der Installation von Bruce Nauman und dem inzwischen sprichwörtlich gewordenen Titel, der ja nichts Besonderes war. Einfach die wörtliche Übersetzung des Originaltitels.»

«Ausweitung der Kampfzone» erschien in Deutschland mit einer Verzögerung von fünf Jahren im Frühjahr 1999. Houellebecq hatte da schon seinen zweiten Roman, «Elementarteilchen», geschrieben, der nicht mehr von Nadeau, sondern von Flammarion verlegt wurde. Das hieß auch, dass der Wagenbach-Verlag mit seinen beschränkten finanziellen Mitteln beim zweiten Buch nicht mehr mitbieten konnte, die Lizenz war einfach zu teuer. Susanne Schüssler zufolge war es auch eine verlegerische Entscheidung: Klaus Wagenbach hatte sich für die Publikation von «Ausweitung der Kampfzone» entschieden, «Elementarteilchen» lehnte er ab. «Mit dem Achtundsechziger-Bashing wollte er nichts zu tun haben», so Schüssler.

Christian Döring erinnert sich daran allerdings anders: «Wagenbach schrieb mir einen entrüsteten Brief, als ich die Rechte an ‹Elementarteilchen› für Dumont einkaufte.» «Als ‹Elementarteilchen› erschienen war, war Michel Houellebecq auf dem ‹Salon du Livre› der Star der Messe», erzählt Berenberg. «Um hallo zu sagen, ging ich zum Stand von Flammarion, wo er zusammen mit ein paar anderen Autoren saß, ein bisschen wie die Hühner auf der Stange, um zu signieren. Vor ihm stand eine riesige Schlange von Lesern, und die bedauernswerten Kollegen, für die sich nur wenige interessierten, saßen untätig herum oder reichten ihm die zu signierenden Exemplare. Ich habe kurz mit ihm gesprochen und ein paar Zigaretten geraucht, in der Kulisse des Flammarion-Stands, aber viel kam nicht heraus, denn neben ihm stand eine bereits halb geleerte Whiskyflasche.»[1]

Houellebecqs literarische Anfänge in Frankreich lagen zu diesem Zeitpunkt schon zehn Jahre zurück. Seine ersten Gedichte waren 1988 in der Nummer 14 der Zeitschrift «Nouvelle Revue de Paris» erschienen: «Quelque chose en moi» stand als Titel darüber, «Etwas in mir». Das erste Gedicht, «Variation 49: le dernier voyage» («Die letzte Reise») schilderte in ein paar Versen das unmittelbare Bevorstehen einer Flugzeugkatastrophe.[2]

Herausgeber der Zeitschrift war Michel Bulteau, der für Michel Houellebecq zu dieser Zeit eine Art Mentor war. Sie besuchten zusammen Lyriklesungen, gingen etwas trinken, tauschten sich über die Bücher aus, die sie lasen.

Michel Houellebecq zusammen mit seiner Frau Marie-Pierre Gauthier im Juni 2002 in Dublin, wo er für seinen Roman «Elementarteilchen» ausgezeichnet wurde.

«Novalis hat er verschlungen; er nervte mich mit Kant, den er tatsächlich las; er hatte mit Schopenhauer aufgehört», erinnert sich Bulteau, «er ist im Grunde kein Nihilist, eher jemand, der schlau berechnet.»[3] Das Thema Selbstmord tauchte häufig in ihren Unterhaltungen auf, ohne dass sie sich lange dabei aufhielten. Houellebecq sprach mit Bulteau über seine eigenen Kurzfilme, die er nicht gelungen fand. Auf Bulteaus Empfehlung las er ein Buch von Valerie Solanas, der radikalen Feministin aus dem Umfeld von Andy Warhol, die im Juni 1968 durch einen Mordversuch an Warhol berühmt wurde. Das Buch trug den Titel «SCUM – Manifest der Gesellschaft zur Vernichtung der Männer»; für eine spätere Ausgabe würde Houellebecq ein Vorwort schreiben.

Vor allem aber hatte Bulteau ihm die Türen der Verlagswelt geöffnet und ihn in die Literaturszene eingeführt. Er vermittelte den Kontakt zu Joaquim Vital, dem Chef des kleinen Verlags «La Différence», der «Lebendig bleiben» und 1992 seinen Gedichtband «La poursuite du bonheur», «Die Suche nach Glück», herausbrachte. Als er erschien, schickte Houellebecq Bulteau ein Exemplar mit einer Widmung: «Für Michel Bulteau, (...) dem ich so viel verdanke. Vergessen wir ihn nicht, denn er ist derjenige, der mich ‹entdeckt› hat (was gar nicht einfach war, denn ich war gut versteckt). Anschließend hat er sich die immergleiche Erzählung meiner Leiden, meiner Obsessionen usw. angehört, und zwar mit einer Geduld, die ich heute noch überraschend finde. Noch mysteriöser ist, wie sein langes Überleben mich nach und nach davon überzeugt hat, dass das Unterfangen Überleben möglich ist und wert, unternommen zu werden. ‹Wenn Michel Bulteau, der so viele Dinge spürt und versteht, lebt, sollte dir das auch gelingen›, sagte ich mir. Und so habe ich einen Mut entwickelt, der mir heute eine wertvolle Hilfe ist. Michel Bulteau hat aus mir einen Mann gemacht. Mit all meiner Zuneigung, diese Gedichte, M. Houellebecq.»[4]

So brachte er seine Dankbarkeit zum Ausdruck. Zugleich wurde sichtbar, wie wichtig er sich hier schon nahm, wenn er zu diesem Zeitpunkt davon sprach, «entdeckt» worden zu sein. Das war die Megalomanie Houellebecqs, die in einer scheinbar demütigen Geste daherkam und doch den Eindruck vermittelte, dass er sich von Beginn an für einen der bedeutendsten Schriftsteller der Gegenwart hielt. Ohne jede Demut zeigte sich dies auch in der Art und Weise, in der er bereits zu dieser Zeit andere polemisch niedermachte: «Jacques Prévert ist ein Arschloch», hieß ein Text von ihm, der 1992 in der Zeitschrift «Lettres françaises» erschien. «Wenn Prévert schreibt», liest man darin über den im Jahr 1900 geborenen und 1977 gestorbenen Lyriker, «dann deshalb, weil er etwas zu sagen hat. Das gereicht ihm ganz zu seiner Ehre. Was er zu sagen hat, ist leider von grenzenloser Dummheit. Es wird einem manchmal übel.»[5]

Das Manuskript seines ersten Romans unterzubringen, gestaltete sich dagegen sehr viel schwieriger. Gleich mehrere Verlage sagten ab. Der renommierte Verlag Gallimard wollte es nicht. Die Éditions de Minuit, wo die literarische «Schule» des Nouveau Roman von Alain Robbe-Grillet,

Nathalie Sarraute, Michel Butor und Claude Simon zu Hause war, lehnten es ab. Es wurde empfohlen und herumgereicht, aber es nützte nichts. Bis es schließlich bei Maurice Nadeau landete, dem Verleger von Georges Perec, der es im Herbst 1994 herausbrachte. Mit Erfolg. Die Verkaufszahlen übertrafen, wie bereits erwähnt, sofort alle Erwartungen.

Denn tatsächlich schrieb hier jemand nicht nur neu und anders. Er schrieb auch über jene, die in der zeitgenössischen französischen Literatur sonst nicht vorkamen: über die Mittelmäßigen. «Meine Romangestalten sind weder reich noch berühmt», hat Michel Houellebecq in einem Interview mit der Zeitung «L'Humanité» gesagt. «Sie sind auch keine Außenseiter, Straftäter oder Ausgeschlossenen. Unter ihnen finden sich Sekretärinnen, Techniker, Büroangestellte, Kader. Leute, die ihre Arbeit verlieren, die Opfer von Depressionen sind. Also völlig durchschnittliche, vom romanesken Standpunkt aus a priori wenig anziehende Leute. Wahrscheinlich ist es die Präsenz dieses banalen, selten beschriebenen Universums (umso seltener beschrieben, als Schriftsteller es kaum kennen), das in meinen Büchern überrascht hat – insbesondere in meinem Roman.»[6]

In «Ausweitung der Kampfzone» trifft das auf den namenlosen Ich-Erzähler zu, einen Spezialisten für elektronische Datenverarbeitung, gerade dreißig geworden, obwohl er sich viel älter fühlt. Einer, der als Programmierer in einem EDV-Dienstleistungsbetrieb netto das Zweieinhalbfache des Mindestlohns verdient; der mit seiner gesellschaftlichen Stellung zufrieden sein könnte. In sexueller Hinsicht dagegen nicht so sehr: «Ich habe mehrere Freundinnen gehabt, aber immer nur für kurze Zeit», heißt es zu Beginn. «Da ich nicht besonders schön oder charmant bin und zudem häufig unter Depressionen leide, entspreche ich dem, was die Frauen in erster Linie suchen, nicht im Geringsten. Auch habe ich bei den Frauen, die mir ihre Organe geöffnet haben, immer einen leichten Widerwillen gespürt; im Grunde war ich für sie nicht viel mehr als ein Notbehelf.» Sein Leben ist absolut ereignisarm: «Manchmal hatte auch ich das Gefühl, mich auf Dauer in einem abwesenden Leben einrichten zu können.»[7]

Und die Mittelmäßigkeit trifft auch auf den Kollegen des Ich-Erzählers, Raphaël Tisserand, zu. Beide müssen miteinander zurechtkommen, als sie zu einer vorweihnachtlichen Dienstreise in die französische Provinz geschickt werden, um die Landwirtschaft auf den neuesten Stand der Computertechnik zu bringen. Allerdings setzt der von Hass getriebene Erzähler (er hasst die Psychoanalyse, er hasst seine Exfreundin Véronique), diesen Tisserand unablässig herab. Er bescheinigt ihm die abstoßende Hässlichkeit einer «Büffelkröte». Tisserand habe «fleischige, grobe, breite, deformierte Züge, das genaue Gegenteil von Schönheit. Seine glänzende Aknehaut scheint unaufhörlich ein fettiges Sekret auszuschwitzen. Er trägt eine Bifokalbrille, denn zu allem Überfluss ist er stark kurzsichtig – aber ich fürchte, wenn er Kontaktlinsen trüge, würde das auch nicht viel ändern.» Tisserand ist auf diese Weise nicht bloß mittelmäßig, er wird durch den anderen zum Verlierer gemacht, zu einer «Inkarnation des Unglücks in fortlaufenden Schwierigkeitsgraden».[8]

Am Ende des Romans, in einer lauen Nacht am Strand, es ist die des Heiligen Abends, folgen die beiden Mittelmäßigen als frustriertes Spannerduo einem Liebespaar in die Dünen. «Mir war, als spürte ich das verfaulte Sperma in seinem Geschlecht aufsteigen», sagt der Erzähler über seinen Kollegen, drückt ihm ein Messer in die Hand und eröffnet damit die Chance auf einen «existenzialistisch wahren Augenblick»[9] in seinem Leben: «Noch heute Abend sollst du die Laufbahn des Mörders betreten.» Doch auch aus dieser Gelegenheit wird nichts: «Ich habe kehrtgemacht und bin zwischen den Dünen entlanggegangen. Ich hätte sie töten können. Sie haben nichts bemerkt. Ich habe mir einen runtergeholt. Ich hatte keine Lust, sie zu töten; Blut ändert auch nichts.»[10] Tisserand will einfach nur noch nach Hause, auch wenn es in Paris nichts gibt, was auf ihn wartet. Im Morgengrauen macht er sich auf den Weg, fährt zu schnell, sein Peugeot stößt auf der nebligen Landstraße mit einem liegengebliebenen Lastwagen zusammen. Er stirbt. «Die sublime Verschmelzung wird nicht stattfinden; das Lebensziel ist verfehlt. Es ist zwei Uhr nachmittags», lautet der letzte Satz von «Ausweitung der Kampfzone».

Über den durchschnittlichen Menschen zu schreiben, ihn überhaupt zum Sujet zu machen, das war das eine, was neu war, als der Romancier Michel Houellebecq die

Bühne der Literaturwelt betrat. Das andere war, *wie* er es tat, die Art und Weise, in der er diese Mittelmäßigkeit zur Sprache brachte, seine Techniken, sein Stil. «Je mehr du im Normalen bleibst, umso schwerer hast du es beim Schreiben», sagte er einmal im Gespräch. In «Ausweitung der Kampfzone» gibt es von Beginn an Passagen, die das Romanschreiben reflektieren: «Die folgenden Seiten bilden einen Roman. Ich verstehe darunter eine Abfolge von kleinen Geschichten, deren Held ich bin. Es ist wirklich nicht eine Entscheidung für einen autobiographischen Stil; so oder so bleibt mir keine andere Wahl», kommentiert der Erzähler auf den ersten Seiten. Später heißt es resigniert: «Die Romanform ist nicht geschaffen, um die Indifferenz oder das Nichts zu beschreiben; man müsste eine plattere Ausdrucksweise erfinden, eine knappere, ödere Form.»

Und genau damit ist ein entscheidender Punkt berührt: Eine Sprache zu finden, die für die Indifferenz oder das Nichts ein Äquivalent wäre, darum geht es dem Ich-Erzähler in «Ausweitung der Kampfzone» – und darum geht es auch Michel Houellebecq, wenn er das «Normale», Durchschnittliche, das Ununterschiedene in Szene setzt. Es hat bis heute immer wieder Kritiker gegeben, die Michel Houellebecq vorwarfen, keinen Stil zu haben, oder die ihm, wenn sie ihm doch einen zubilligten, einen «ärmlichen», «ungelenken», «kraftlosen» Stil attestierten. Für den Schriftsteller muss das, obwohl es alles andere als freundlich gemeint war, wie ein Kompliment geklungen haben: «Ich versuche, keinen Stil zu haben», hat er einmal erklärt,[11] was natürlich ein Paradox ist: Die angestrebte Abwesenheit von Stil, der Nicht-Stil, ist unweigerlich selbst ein Stilphänomen, nämlich das des «unprivilegierten Blicks», wie der Schriftsteller Rainald Goetz es genannt hat: «Weil Houellebecq auf die Beiläufigkeit und Alltäglichkeit seiner Sprache genauso viel Wert legt wie auf die mittlere Durchschnittlichkeit seiner Helden, entsteht ein zugleich traditioneller und hochmoderner Realo-Stil des Erzählens.»[12]

Der «unprivilegierte Blick» hat durchaus wiedererkennbare Merkmale: Houellebecqs Sätze sind kurz, der Satzbau einfach. Er verwendet nur wenige Metaphern, und wenn, dann sind sie ziemlich platt, fast schon Klischees oder Gemeinplätze. Er reiht seine kurzen Sätze aneinander und hat dabei ein Lieblingssatzzeichen: das Semikolon. Wie kein Zweiter vertraut er auf dessen «minimal ordnende, Raum für Ungleichheit schaffende, dabei alles im Fluss haltende Kraft».[13] Er verwendet unterschiedliche Sprachregister und vermischt diese. Er bedient sich der Wissenschaftssprache, die er ins Umgangssprachliche oder Vulgäre überführt. Auf genau diese Mischung kommt es an. Und an das Ende eines Absatzes setzt er immer wieder gerne eine möglichst banale Bemerkung: «Ich gehe mir eine Crème Caramel holen» oder «er wartete auf das Gewitter».

Der französische Kritiker Frédéric Badré hat diesen Stil zum Anlass genommen, in der französischen Tageszeitung «Le Monde» eine «neue Tendenz in der Literatur» auszurufen, und stellte Michel Houellebecq als Hauptvertreter der literarischen Revolution eines «neuen Realismus» vor. Durch ihn sei die herkömmliche psychologische Introspektion erledigt. Der Roman verwandele sich in ein «simples Werkzeug, um die Widersprüche der gegenwärtigen Gesellschaft zu enthüllen». Mit einer «apokalyptischen Vision» des Lebens zeige er eine Wirklichkeit «in fortgeschrittenem Verfall»: «Der humanistische Diskurs unserer Zeit wird demaskiert. Ihr wahres Gesicht kommt zum Vorschein, und es ist monströs.»[14]

Badré schrieb dies Anfang Oktober 1998, als Houellebecqs zweiter Roman «Particules élémentaires» («Elementarteilchen») seit ein paar Wochen in den französischen Buchhandlungen lag. Die Debatte um diesen Roman tobte da bereits, sie war eine der größten des französischen Literaturbetriebs seit langem. Eine politische Debatte, die Houellebecq jenen Ruf einbrachte, der ihm noch heute anhaftet: ein Reaktionär zu sein, ein Rechter, ein Frauenverächter. Diese Debatte war es, die seinen Namen über die Grenzen Frankreichs hinaus weltweit berühmt machte. Wer war der neue Schriftsteller aus Frankreich, dieser Michel Houellebecq?

Ein Abend im Café «Les Marronniers» im Pariser Marais-Viertel im Herbst 1998: Wie jeden Mittwoch trafen sich im ersten Stock die Mitglieder der Literaturzeitschrift «Perpendiculaire», zu denen bis vor kurzem auch Michel Houellebecq gehört hatte. Mit ihm wollten sie nun nichts mehr zu tun haben; man hatte sich, obwohl er eben noch Mitglied der Chefredaktion gewesen war, von ihm getrennt. Die Fenster des Raums waren an diesem Mittwochabend weit geöffnet, der Rauch – so beschrieb es Thierry Chervel, Kulturkorrespondent für die «Süddeutsche Zeitung», der dabei war – zog «in elegischen Schwaden» hinaus in den Pariser Nachthimmel. «Wir haben Houellebecqs Manuskript im Juni gelesen», erzählte Nicolas Bourriaud, Mitherausgeber von «Perpendiculaire», der später den Palais de Tokyo in Paris gründen sollte, «und haben darin Thesen gefunden, die der Rechten nahestehen – die Feier der Eugenik, der Verfall der Werte, die Abschaffung von Lust und Freiheit. Darum luden wir ihn zu einem Gespräch ein, um herauszufinden, wie er zu diesen Thesen steht. Wir mussten sehen, dass er meint, was er schreibt.» Glaubst du, fragten sie ihn in diesem Gespräch, «dass der ideologische Standpunkt der Leute kulturell bestimmt ist, oder erklärt er sich nur aus dem Altern der Zellen und sexuellem Frust?» «Ich glaube, dass die ideologische Position die geringste Rolle spielt», hatte er geantwortet, «sie ist wirklich das Uninteressanteste, worüber man sprechen kann.»[15]

Houellebecq hatte die Literaturzeitschrift mit gegründet. Im September 1994 hatten Jean-Yves Jouannais, Literaturkritiker bei «Art Press», und Nicolas Bourriaud von der Zeitung «Globe» ihm vorgeschlagen, bei ihrem neuen Literaturmagazin mitzumachen, das aus der «Société Perpendiculaire» hervorgehen sollte, einer Gruppe von Autoren (Frédéric Beigbeder verspottete sie später als literarische «Boygroup»), die sich dem «absolut schrecklichen Konformismus» ihrer Zeit verweigern wollten, die fanden, dass es in der Literaturszene «nach Naphthalin» roch, und deshalb forderten, die neue Literatur habe dem Einfühlungsvermögen abzuschwören und wieder dokumentarisch zu sein. Sie hatten «Ausweitung der Kampfzone» gelesen, Jouannais hatte Houellebecqs Gedichtband «Suche nach Glück» besprochen. Sie waren beeindruckt – und konnten Houellebecq für das Projekt gewinnen. «Denen, die Ernst und Schwere so gefährlich verwechseln, soll von nun an nahegelegt werden, Katastrophen mit Blick von einem Straßencafé aus zu beschreiben, Conrads *Typhon* in einer Strandkabine zu lesen und die *Odyssee* von Jacques Tati neu schreiben zu lassen. Was steht auf dem Spiel? Die Frage der Literatur offen zu halten. Und es ist ja bekannt, dass die Schalter für diese Destination immer häufiger schließen», hieß es in dem von Bourriaud formulierten Leitfaden der Zeitschrift.[16]

In der für dreißig Francs verkauften ersten Nummer des Magazins (sie verteilten sie eigenhändig in den Pariser Buchläden) stand Michel Houellebecq mit einem langen Gedicht an prominenter Stelle. Als er den Verlag wechselte und zu Flammarion ging, kaufte Flammarion die Zeitschrift gleich mit. Für die Autoren der «Revue Perpendiculaire» war Schreiben ein kollektiver Akt, bei der Gründung des Magazins hatten sie eine fiktive Person entworfen, deren Texte sie in Schreibsessions gemeinsam verfassten. Für Michel Houellebecq, der sich dem Schreiben in absoluter Einsamkeit widmete, eine undenkbare Aktion. Eine gewisse Distanz war also von Beginn an da.

Als in der dritten Ausgabe des Magazins ein Auszug seines nächsten Romans «Elementarteilchen» erschien, brach der Streit los. Die «Perpendiculaires» trennten sich von Houellebecq – und Flammarion sich daraufhin von den «Perpendiculaires».

In der ersten Etage des Cafés «Les Marronniers» schimpften sie, Michel Houellebecq verkaufe der Menschheit ihr eigenes Verschwinden, und es verkaufe sich gut. «Wenn er seiner Hauptfigur Michel im Roman den Nachnamen Heydrich gegeben hätte, dann würde die Presse nicht so positiv reagieren», meinte einer. Sie verdammten die «Elementarteilchen» und kannten den Roman doch bis in die letzte Zeile. Und der umstrittene Autor erklärte wenig später in einem Konferenzsaal bei Flammarion: «Ce n'est pas si grave que ça.» Der Rauswurf sei nicht so schlimm, er habe nie eine Gallionsfigur sein wollen, er habe es nur aus Gefälligkeit getan.[17]

Das klang herablassend, und das sollte es wohl auch. Allerdings tat ihm diese Herablassung bald wieder leid. In einem Interview sprach er schon kurz darauf von den guten Erfahrungen mit der «Revue Perpendiculaire»: «Ich denke, dass Magazine unverzichtbar sind, auch wenn man das nicht sieht. Ich habe meine ersten Veröffentlichungen in Magazinen gehabt. Ohne sie wäre ich niemals Schriftsteller geworden.» Im Übrigen, sagte er noch, gebe es Argumente für und gegen die Bildung einer literarischen Bewegung. Dafür spreche, dass auf diese Weise gewisse Schwächen der Vorgänger sichtbar würden. Der Nachteil von literarischen Bewegungen sei, dass sie dazu neigten, die Tatsache zu verschleiern, dass Literatur vor allem individuell sei. «Was die Menschen über das Leben zu sagen haben, ist individuell.»[18]

«Elementarteilchen» unternimmt eine «Abrechnung mit der liberalen Gesellschaft – und zwar nicht mit ihren politischen Idealen, sondern mit ihrem Innersten, mit der Hoffnung auf ein befreites Dasein, mit dem Idealismus des Glücks».[19] Houellebecq erzählt die Geschichte der Halbbrüder Bruno Clément und Michel Djerzinski – Bruno wird im März 1956 geboren, Michel im Juni 1958. Ihre Mutter, Janine Ceccaldi, ist unfähig, eine emotionale Beziehung zu ihren Söhnen aufzubauen, vernachlässigt sie, hat zahllose Affären, ist ständig auf esoterischer Sinnsuche, was sie irgendwann in einer Promiskuitätssekte landen lässt. Sie feiert ohne Rücksicht auf die Anwesenheit ihrer Kinder Orgien – bis im Alter von zwei Jahren zunächst der erste Sohn zu den Großeltern gebracht wird, zwei Jahre später der zweite. Allerdings zu verschiedenen, denn die Kinder haben nicht denselben Vater. Sie wachsen getrennt auf.

Ihre Seelen sind beschädigt, und die Beschädigung hört auch erst mal nicht auf. Bruno wird in ein Internat gesteckt, wo ihn ältere Schüler quälen und er – ähnlich wie in Robert Musils Internatserzählung «Die Verwirrungen des Zöglings Törleß» – Erniedrigungen der schlimmsten Art erleben muss. «Sie wachsen zu den einsamsten Figuren des Universums heran, zwei parallele, aber völlig verschiedene Gestalten, eine jede eingeschlossen in ihre enge Haut wie in ein Gefängnis, fern aller Gemeinschaft: der eine ein unglücklicher Pädagoge, dessen Glück nun aus Sexualität bestehen soll, der andere ein außerhalb des Berufs völlig phlegmatischer Biologe, der die Menschheit von der Sexualität befreien will – denn seit die freie Marktwirtschaft das Verhältnis der Geschlechter durchdrungen habe, sei dieses, so die These des Romans, die stärkste Quelle nicht nur des sozialen, sondern vor allem des metaphysischen Elends der Menschheit.»[20] Womit klar ist, was hier das Thema ist: Sex. Und zwar nicht nur theoretisch, sondern sehr wohl auch praktisch, was ganz erheblich zum Erfolg von Michel Houellebecqs «Elementarteilchen» beigetragen hat. Eine Weile lang hat es unter Lesern sogar eine Art Gesellschaftsspiel gegeben, das darin bestand, das Buch, wenn es irgendwo herumlag, zur Hand zu nehmen und an einer beliebigen Stelle aufzuschlagen – mit dem Ziel, eine Sexszene zu treffen. In sehr vielen Fällen klappte das.

Denn die «Elementarteilchen» sind voller Sex. Bruno, der sich immerzu nach menschlicher Nähe sehnt, ist sexsüchtig. Er denkt eigentlich an gar nichts anderes. Als sich durch die «Ankunft» der Frauen aus den ehemaligen Ostblockstaaten im Westen die Preise für die Freier senken, ist er erfreut. Als er sich nach einer gescheiterten Ehe in ein 1975 gegründetes Hippie-Camp flüchtet, lässt er dort Seminare in Rebirthing und Creative Writing über sich ergehen, um wenigstens die Hoffnung auf einen Half-Night-Stand mit einer «Tantra-Schlampe» nicht aufgeben zu müssen. Er sitzt im Whirlpool mit einem Paar, das Sex hat. Als sie fertig sind, verlässt der Mann das Becken. Die Frau

Moritz Bleibtreu als Bruno und Martina Gedeck als Christiane in der Pool-Szene von Oskar Roehlers «Elementarteilchen»-Verfilmung.

und Bruno bleiben und machen, wie Bruno mit dankbarer Freude feststellt, gleich weiter: «Sie zog sanft die Rachenwände zusammen, seine ganze Energie sammelte sich mit einem Schlag in seinem Glied. Er kam mit einem lauten Schrei; er hatte noch nie solche Lust empfunden.»[21] Die Frau – sie heißt Christiane – verliebt sich in ihn und ist nicht weniger sexbesessen als er selbst. Allerdings leidet sie unter fortschreitender Nekrose ihrer Steißbeinwirbel und bricht, als sie eines Nachts in Paris wie fast jeden Samstag den Swingerclub «Chris et Manu» besuchen, unter den harten Stößen eines anderen Mannes zusammen. Mit dem Rollstuhl stürzt sie sich später in den Tod. Bruno lässt sich in ein psychiatrisches Krankenhaus einliefern, das er nie mehr verlassen wird.

«Am 14. Dezember 1967», heißt es in einer essayistischen und den Figuren nicht zugeordneten Passage des Romans, «nahm die Nationalversammlung in erster Lesung das von Neuwirth eingebrachte Gesetz zur Legalisierung der Empfängnisverhütung an; die Pille war von nun an rezeptfrei in allen Apotheken erhältlich, wenn sie auch noch nicht von der Krankenkasse bezahlt wurde. Von diesem Augenblick an wurde die *sexuelle Befreiung*, die bis dahin leitenden Angestellten, freiberuflich Tätigen und Künstlern – sowie gewissen Kleinunternehmern – vorbehalten war, breiten Bevölkerungsschichten zugänglich gemacht. Es ist nicht uninteressant, dass diese *sexuelle Befreiung* manchmal als Traumvorstellung von einer Gemeinschaft dargestellt wurde, während es sich in Wirklichkeit nur um eine weitere Etappe auf dem unaufhaltsamen Siegeszug des Individualismus handelte. Wie der schöne Begriff der ‹Schutzgemeinde der Ehe› andeutet, stellten das Ehepaar und die Familie die letzte Insel des Urkommunismus im Schoß der liberalen Gesellschaft dar. Die sexuelle Befreiung hatte die Zerstörung dieser letzten Gemeinschaftsform zur Folge, der letzten Zwischenstufen, die das Individuum vom Markt trennten. Dieser Zerstörungsprozess hält bis zum heutigen Tag an.»[22]

Die sexuelle Befreiung, ursprünglich als Triumph über die Entfremdung in der autoritären Gesellschaft gefeiert, entpuppt sich dem Roman zufolge also als letzte und entscheidende Strategie des freien Marktes zur Zerstörung des Paares und der Familie, das heißt, der noch verbliebenen Gemeinschaften. Erst danach kann der Markt in den hintersten Winkel eines jeden Lebens vordringen und jeden Menschen in nichts mehr als einen Körper verwandeln.[23] Angesichts solcher Thesen konnte einem die Darstellung der Sexszenen im Roman ziemlich zart, oft geradezu idyllisch vorkommen, insbesondere dort, wo Bruno und Christiane sich in Ferien- oder Swingerclubs vergnügten. Dieser Zartheit stehe die kühle und bitter-gewalttätige Beschreibung von Kindergruppen, Schulen, Hochzeiten und Freundschaften gegenüber, hat der Schriftsteller Clemens Setz in einem Text über seine «Elementarteilchen»-Lektüre festgestellt. Er erinnerte sich auch daran, wie verwundert er war, als er die Besprechungen des Romans las. «Es war von einer bitterbösen Satire die Rede, von Zynismus, von Sexismus, von Kälte. Ich hingegen hatte gerade das tröstlichste Buch gelesen, das mir je untergekommen war.»[24]

Aber wie war das zu verstehen? Klafften Theorie und Praxis hier auseinander? Oder gefiel es dem Autor, diesen Widerspruch im Roman zu feiern: die sexuelle Befreiung einerseits zu dem zu erklären, was die letzten Formen von Gemeinschaft verfallen ließ, und die durch sie entstandenen Möglichkeiten in den Sexszenen, die ihn berühmt machen sollten, andererseits voll auszukosten? Lockte Houellebecq den Leser tatsächlich «in die Falle», wie der Literaturwissenschaftler Thomas Klinkert anmerkte, indem er durch seine «Anleihen beim Trivialgenre der Pornographie voyeuristische Bedürfnisse» befriedigte und den Leser vergessen ließ, dass diese Szenen «in einem widersprüchlichen Verhältnis zu der epistemologischen Reflexivität des Textes» standen?[25] Wer dem Autor selbst diese Frage stellte, bekam eine differenzierte, den Swingerclub im Grunde romantisierende Antwort.

Er habe diese Szenen in den Ferien- und Swingerclubs sicher nicht geschrieben, weil er mit ihnen schockieren wollte. «Mir gefällt es ja selbst, mich macht das eher an», so Michel Houellebecq über die Clubs. «Es ist so etwas wie Zusatz-Sex und eine vernünftige Reaktion auf das abnehmende Verlangen innerhalb einer Beziehung – ohne Ehebruch oder Betrug. Und ohne die Lügerei. Das hat viele positive Aspekte.» Aber sei die Befreiungsbewegung der sechziger und siebziger Jahre nicht eine Voraussetzung dafür gewesen, dass es solche Swingerclubs überhaupt gebe? «Die einzige Veränderung in den sechziger Jahren war die

Pille. Der Rest zählt nicht.» Verdammte er alles, was Achtundsechzig angeht? «Ja. Das tue ich, aber die Swingerclubs
haben nichts mit Achtundsechzig zu tun, die hätte es auf
jeden Fall gegeben. [Dort] herrscht keine sexuelle Liber-
tinage. Das sind sehr strukturierte, ziemlich moralische
Orte.»[26] Er träume von Erotik als unendlichem Whirlpool
und vom Körper als vollkommener Genussmaschine, hat
er an anderer Stelle einmal gesagt.[27]

Michel Houellebecq knüpfte mit den Thesen vom Ge-
meinschaftsverfall in «Elementarteilchen» ganz klar an
die «Ausweitung der Kampfzone» an. «Der Sex», erklärte
darin der Ich-Erzähler, der ins Grübeln gekommen war,
als Tisserand ihm anvertraute, dass er achtundzwanzig
Jahre alt und noch immer Jungfrau sei, «stellt in unserer
Gesellschaft eindeutig ein zweites Differenzierungssys-
tem dar, das vom Geld völlig unabhängig ist; und es funktioniert auf mindestens ebenso erbarmungslose Weise.
Auch die Wirkungen dieser beiden Systeme sind genau
gleichartig. Wie der Wirtschaftsliberalismus – und aus
analogen Gründen – erzeugt der sexuelle Liberalismus
Phänomene absoluter Pauperisierung. Manche haben
täglich Geschlechtsverkehr; andere fünf oder sechs Mal
in ihrem Leben; oder überhaupt nie. Manche treiben es
mit hundert Frauen, andere mit keiner. Das nennt man
‹Marktgesetz›. (…) Der Wirtschaftsliberalismus ist die
erweiterte Kampfzone, das heißt, er gilt für alle Altersstufen und Gesellschaftsklassen. Ebenso bedeutet der
sexuelle Liberalismus die Ausweitung der Kampfzone,

ihre Ausdehnung auf alle Altersstufen und Gesellschaftsklassen.»[28]

In «Elementarteilchen» öffnete Houellebecq allerdings
eine weitere Tür. Er setzte seine Thesen mit «Schöne
neue Welt» in Beziehung, jenem berühmten Zukunfts-
roman von Aldous Huxley: Ziemlich genau in der Mitte
des Buchs besucht Bruno seinen Halbbruder Michel und
erzählt ihm, dass er sich immer darüber gewundert habe,
«wie unglaublich zutreffend Huxleys Voraussagen» gewesen seien. Dies sei bemerkenswert, wenn man bedenke,
dass dieses Buch schon 1932 erschienen sei. Seitdem
hätte die westliche Gesellschaft unablässig versucht, sich
Huxleys Modell anzunähern: «Immer genauere Kontrolle
des Zeugungsvorgangs, die eines Tages zur völligen Trennung von Zeugung und Sex und zur künstlichen Fortpflanzung der Menschen im Labor unter völlig sicheren,
zuverlässigen genetischen Bedingungen führen wird.»
Die Gesellschaft, die Huxley in «Schöne neue Welt» beschreibt, sei eine glückliche Gesellschaft, die keine Tragö-
dien und keine extremen Gefühle mehr kenne. Es herr-
sche völlige sexuelle Freiheit, die persönliche Erfahrung
und sinnliche Begierde würden durch nichts mehr ein-
geschränkt. Er wisse natürlich, so Bruno zu Michel, dass
man Huxleys Welt im Allgemeinen als einen totalitären
Albtraum beschreibe und versuche, in seinem Buch eine
scharfe Anklage zu sehen. Doch sei das reine Heuchelei:
«Brave New World ist für uns in jeder Hinsicht – sei es,
was die genetische Kontrolle, die sexuelle Freiheit, den
Kampf gegen das Altern oder die Freizeitkultur betrifft –

ein Paradies, in Wirklichkeit ist es haargenau die Welt, die wir anstreben, wenn auch bisher noch ohne Erfolg.»

Müde ergreift daraufhin sein Bruder Michel das Wort und hält seinerseits einen langen Huxley-Vortrag: Obwohl wir uns der Vision Huxleys so sehr angenähert hätten, sagt er, seien wir doch von der «glücklichen Gesellschaft» unendlich weit entfernt. Denn in einem entscheidenden Punkt habe Huxley – wie alle Philosophie vor ihm – sich geirrt. Man könne das Leid nicht aufheben, indem man alle Begierden stille. Im Gegenteil würden diese dadurch erst recht unentwegt angestachelt. «Er hat nicht begriffen, dass Sex, sobald man ihn von der Zeugung loslöst, nicht so sehr als Lustprinzip, sondern vielmehr als Prinzip narzisstischer Unterscheidung weiterbesteht.» Die Folge sei ein brutaler sexueller Wettbewerb auf dem Niveau von Rangordnungskämpfen im Primatenrudel.[29]

Es ist dieses zentrale Gespräch zwischen den Brüdern, das einige der Provokationen enthielt, die die Mitglieder der «Revue Perpendiculaire» auf die Barrikaden brachten und mit denen sich Houellebecq den Vorwurf einhandelte, ein Faschist zu sein: Dazu gehörte Brunos Behauptung, dass «Schöne neue Welt» eine positive Utopie und es Heuchelei sei, in dem Buch einen totalitären Albtraum zu sehen. Aldous Huxley habe erst dreißig Jahre später in «Brave New World Revisited» versucht, seinen Roman als Anklage und Satire hinzustellen, behauptet er. Dazu gehörten aber auch jene Worte, die Houellebecq Michel in den Mund legte (die in der aufgeregten Rezeption dann aber dem Autor zugeschrieben wurden): «Die Nazi-Ideologie hat wesentlich dazu beigetragen, dass die Ideen der Eugenik und der Rassenverbesserung diskreditiert wurden; es hat mehrere Jahrzehnte gedauert, bis man wieder darauf zurückgreifen konnte», ließ Houellebecq seinen Protagonisten sagen und ihn aus dem Bücherschrank einen Band mit dem Titel «What dare I think» von Aldous Huxleys Bruder Julian holen, der 1931 erschienen ist. Julian Huxley war Biologe und Vorsitzender der «Eugenics Society» gewesen, die sich mit der Anwendung der Ergebnisse der Mendel'schen Vererbungslehre auf den Menschen und die Gesellschaft befasste. Man finde in dem Buch, so Michel, bereits «Anregungen zur genetischen Kontrolle und zur Artenverbesserung, einschließlich der der Menschheit, also das, was sein Bruder in dem Roman in die Praxis umgesetzt hat. Und all das wird unmissverständlich als wünschenswertes Ziel hingestellt, dem man entgegenstreben soll.»[30]

Damit ist man beim zweiten Thema dieses Romans. In der Geschichte Bruno Cléments geht es um Sex. In der Geschichte Michel Djerzinskis dagegen geht es um Genetik und künstliche Reproduktion. Oder anders gesagt: «Bruno ist Sexualität ohne Fortpflanzung. Michel ist Fortpflanzung ohne Sexualität.»[31] Der Molekularbiologe verbringt sein autistisches Forscherleben zwischen Supermarkt und Labor, er nimmt Psychopharmaka. Er lebt vollkommen für sich allein und hat niemanden, den er lieben könnte; Tage und Monate vergehen, doch nichts geschieht. Dann begegnet er ganz zufällig Annabelle, mit der er als Jugendlicher den Ansatz einer Beziehung hatte. Wie damals gelingt es Michel nicht, sich wirklich auf sie einzulassen. Trotzdem wird sie schwanger. Die Ärzte stellen fest, dass sie krebskrank ist und die Schwangerschaft abgebrochen werden muss. Vollkommen überfordert mit dieser Last nimmt auch sie sich das Leben. Michel zieht daraufhin nach Irland, wo er in einem gentechnischen Institut das unsterbliche und geschlechtslose menschliche Wesen klont – eine Vision jenseits von Egoismus und sexuellem Elend. Er entwickelt eine Theorie, nach der ein genetischer Code sich mit mathematischen Mitteln so schreiben lässt, dass er einfach ist, stabil und unendlich reproduzierbar. Dann verschwindet Michel «im Meer». Wahrer Humanismus, steht am Ende des Buchs, sei nur mit künstlichen Menschen zu erreichen. Die Theorie erweist sich als richtig und praktikabel, die Unesco bezahlt die Entwicklung, und die Entstehung des geklonten Menschen wird im Fernsehen übertragen wie die Mondlandung: «Die Schaffung des ersten Wesens, des ersten Vertreters einer neuen, intelligenten Spezies, die der Mensch ‹ihm zum Bilde, zum Bilde des Menschen› schuf, fand am 27. März 2029 statt, auf den Tag genau zwanzig Jahre nach Michel Djerzinskis Verschwinden. Djerzinski zu Ehren fand die Synthese in einem Labor des Instituts für Molekularbiologie in Palaiseau statt, obwohl dem Team kein französischer Wissenschaftler angehörte. Die Fernsehübertragung des Ereignisses hatte natürlich eine ungeheure Wirkung – eine Wirkung, die bei weitem jene übertraf, die knapp sechzig Jahre zuvor in einer Julinacht des Jahres 1969 die Direktübertragung der ersten Schritte des Menschen auf dem Mond gehabt hatte.»[32]

Kurz bevor «Elementarteilchen» im Herbst 1999 in Deutschland erschien, hatte der Philosoph Peter Sloterdijk am 17. Juli bei einer Tagung auf Schloss Elmau seine umstrittene Rede «Regeln für den Menschenpark» gehalten, die eine Debatte über die Anwendung der Biotechnologie auf den Menschen ausgelöst hatte. Die Debatte zog sich so lange hin, dass sie mit dem Erscheinen und der Wahrnehmung von Michel Houellebecqs Roman zusammenfiel und die Provokation, die viele in den Eugenik-Passagen des Romans sahen, um einiges verstärkte. Sloterdijk erklärte in seinem Vortrag mit dem Untertitel «Ein Antwortschreiben zu Heideggers Brief über den Humanismus», dass es Aufgabe des Humanismus gewesen sei, den Menschen zu domestizieren. Heidegger habe gezeigt, dass der Humanismus daran gescheitert sei. «Was zähmt noch den Menschen, wenn der Humanismus als Schule der Menschenzähmung scheitert?», sei Heideggers «Epochenfrage» gewesen, auf die Sloterdijk mit Nietzsche und Platon seine Antwort formuliert: Die Aufgabe der gescheiterten humanistischen Menschenzähmung müsse eine «posthumanistische» Menschenzüchtung übernehmen. Entscheidend sei es jetzt, «das Spiel aufzugreifen und einen Codex der Anthropotechniken zu formulieren».[33]

Da der Philosoph sich in der Rede in raunendem Ton an der Radikalität seiner eigenen Thesen berauschte und im

Zusammenhang mit der «Menschenzucht» einen Begriff wie «Selektion» verwendete, verstanden viele den Vortrag als Plädoyer für Eugenik. «Der Philosoph Peter Sloterdijk fordert eine gentechnische Revision der Menschheit», hieß es in der «Zeit». «Mit einem Paukenschlag möchte Sloterdijk die Feindseligkeiten zwischen Philosophie und Naturwissenschaften beenden, um Wissen und Geist, Philosophie und Naturwissenschaften zu versöhnen. Ihm schwebt eine demokratiefreie Arbeitsgemeinschaft aus echten Philosophen und einschlägigen Gentechnikern vor, die nicht länger moralische Fragen erörtern, sondern praktische Maßnahmen ergreifen. Diesem Eliteverbund fällt die Aufgabe zu, mit Hilfe von Selektion und Züchtung die gentechnische Revision der Gattungsgeschichte einzuleiten. So wird Nietzsches schönster Traum bald wahr: die Zarathustra-Fantasie vom Übermenschen.»[34] Peter Sloterdijk propagiere «pränatale Selektion» und die «optimale Geburt», schrieb der «Spiegel» unter der Überschrift «Züchter des Übermenschen».[35] Damit war die Debatte in Gang gesetzt. Sloterdijk giftete zurück und sprach von «Aufputschungspublizistik» und vom «Einbruch des Boulevards ins Feuilleton».[36]

Und was dachte Michel Houellebecq über all das? Hatte er die Debatte verfolgt? «Kaum», sagte er. Aber er habe sich doch wie Sloterdijk auf Nietzsche bezogen. Wie stehe es bei ihm mit dem Übermenschen? «Ich kenne Nietzsche sehr gut, aber schätze ihn nicht», antwortete Houellebecq. «Ich fühle mich eher dem ‹letzten Menschen› verbunden als dem Übermenschen. Ungleichheit besitzt für mich keine positiven Aspekte. Nietzsche kümmert sich ständig um das Interesse des Überlegenen. Er ist ein Megalomane, was mir eher sympathisch ist, aber gleichzeitig ein Opfer seiner unglaublichen Selbstüberschätzung. Der Gedanke, einen neuen Menschen zu erschaffen, ist ja eines der klassischen Ziele der Philosophie. Ohne die Möglichkeiten der Genetik ist das bisher alles nur leeres Gerede gewesen. Jetzt sind wir zum ersten Mal an einem Punkt, wo es möglich scheint.» Hält er die Genetik für ein Mittel, «bessere» Menschen zu formen? «Keine Ahnung, aber es ist eine Möglichkeit, die es vorher nicht gab. Das ist zunächst einmal eine gute Nachricht.»[37]

Es ist die Pointe von «Elementarteilchen», dass die biotechnische Wandlung der Spezies, die im 21. Jahrhundert auf der Grundlage von Michel Djerzinskis Schrift «Prolegomena zu einer vollkommenen Replikation» durchgeführt wird, gerade nicht zur Züchtung von besseren Menschen oder Übermenschen führt. Zum einen werden am Ende des Romans die geschlechtlichen Unterschiede abgeschafft, die für das menschliche Selbstverständnis so entscheidend waren. Es geht nicht darum, die Menschheit in all ihren Merkmalen zu perpetuieren, sondern darum, eine neue, vernunftbegabte Spezies zu schaffen. Und das bedeutet das Ende der Sexualität als Fortpflanzungsmodus, aber in keiner Weise das Ende der sexuellen Lust – ganz im Gegenteil (hier hört man den Autor im Hintergrund kichern): «Die kodierten Sequenzen, die während der Embryogenese die Bildung von Krause-Endkolben bedingten, waren in jüngster Zeit identifiziert worden; beim gegenwärtigen Entwicklungsstand des Menschen seien diese Endkolben nur spärlich auf der Oberfläche der Klitoris und der Eichel angesiedelt. Nichts spräche dagegen, sie in Zukunft über die gesamte Oberfläche der Haut zu verteilen und somit auf dem Gebiet der Sinnesfreuden geradezu unglaubliche, nie dagewesene erotische Empfindungen hervorzurufen.»[38] Die Aussicht, lebende Sexpuppen herstellen zu können – offenbar schien das für Michel Houellebecq das Spektakulärste an der Gentechnik zu sein.

Darüber hinaus sollen alle Individuen denselben genetischen Code besitzen, womit eines der grundlegenden Elemente der menschlichen Persönlichkeit verschwände, das die Quelle fast aller Leiden gewesen war. Postum schafft der im Meer verschwundene Michel auf diese Weise die Menschheit ab. Er gibt ihr die Möglichkeit, sich selbst zu überwinden. «Dieses Buch ist dem Menschen gewidmet», heißt der letzte Satz von «Elementarteilchen». Es ist die letzte Huldigung einer bereits verblassenden Art.

Am 7. August 2001 diskutierten in Washington die wichtigsten Gentechnik-Experten der Welt auf Einladung der «National Academy of Science» über einen Mann, der sich Rael nannte. Es ging darum, ihn von seinem wahnwitzigen Vorhaben abzubringen: im Labor den ersten Menschen zu klonen.[39] Rael war der Anführer der Sekte der Raelianer, die weltweit etwa zwanzigtausend Mitglieder zählte. Diese waren der Überzeugung, dass es Außerirdische, sogenannte Elohim, gebe, die ihrem Guru Rael eines Nachts auf einem französischen Vulkan erklärt hätten, «dass es auf der Welt zu viele Kriege gebe und die Leute zu schlechten Sex hätten und dass, wenn sich beides nicht ändere, sie zurückkommen und die Erde plattmachen werden», weswegen die Sektenmitglieder am Weltfrieden und an ihrer sexuellen Enthemmung arbeiteten.

Rael heißt eigentlich Claude Vorilhon und wurde 1946 in Vichy geboren. Bis 1973 hatte er ein normales Leben geführt. Er hatte eine Platte aufgenommen, eine Fachzeitschrift gegründet und zwei Kinder bekommen. Dann passierte am 13. Dezember 1973 bei Clermont-Ferrand «die Begegnung»: Er sei mit seinem Wagen unterwegs gewesen, als eine fliegende Untertasse landete und ein Außerirdischer ihr entstieg, schrieb Rael in seinem Buch «Das wirkliche Gesicht Gottes». Er habe das Wesen gefragt, ob es ein Außerirdischer sei, es habe bejaht und verkündet, es komme von weit her und die Menschen, die Pflanzen und die Tiere seien nicht von Gott, sondern von Außerirdischen im Labor erschaffen worden. Rael erfuhr, dass die Aliens den uns unvorstellbar weit vorausgeeilten Elohim entstammten, einem extraterrestrischen Volk, das die Menschen vor langer Zeit genetisch erzeugt und seitdem immer wieder Propheten zu ihnen entsandt habe, die Buddha, Mohammed oder auch Jesus Christus hießen. Er beschloss, der Botschafter der Elohim auf Erden zu werden und gründete zum einen die Sekte der Raelianer, die sich in Kanada ansiedelte, und zum anderen gemeinsam mit der Chemikerin Brigitte Boisselier die Firma Clonaid, Letzteres im Jahre 1997. Seit der Geburt des Schafs

Michel Houellebecq mit dem Schauspieler Martin Wuttke im Frühjahr 2003 auf der Leipziger Buchmesse, wo er mit trauriger Miene aus «Lebendig bleiben» las und viel Spaß dabei zu haben schien.

Dolly ein Jahr zuvor hatte das Klonen große Fortschritte gemacht. Die Raelianer wollten Babys klonen. Am 16. Dezember 2002, so behaupteten sie, habe eine junge Frau ein geklontes Mädchen ausgetragen, das Eve getauft wurde. Die Eltern hätten aber leider die Untersuchung des Kindes durch Wissenschaftler verweigert. So blieb das angeblich erste Gentech-Baby unsichtbar.

Auch ohne stichhaltige Beweise war jemand von dieser seltsam klingenden und nicht überprüften Geschichte begeistert: Michel Houellebecq. Sein Roman wurde Wirklichkeit. Es gab wohl nur sehr wenige, die das für eine gute Nachricht hielten; er war einer davon. Die Raelianer waren ihm durchaus ein Begriff. Er hatte von ihnen gehört und im Internet über den Sektenführer Claude Vorilhon recherchiert. Im Sommer 2002 war er zwei Wochen in Slowenien gewesen, hatte Raels Seminare besucht und sich mit ihm angefreundet. Am 13. Dezember 2003 fuhr er in die Schweiz nach Crans-Montana, wo die Raelianer in einem Golf-Hotel einen Kongress abhielten. Fünfhundert bis sechshundert Anhänger aus der ganzen Welt – Amerikaner, Japaner, Koreaner, Franzosen – waren gekommen. Ein recht junges Publikum zwischen zwanzig und vierzig Jahren. Houellebecq, so war es angekündigt, sollte auf diesem Kongress als Ehrengast auftreten, wurde aber in Spanien aufgehalten und erschien erst später. Rael war von seinen Fans umringt und signierte Bücher, als Houellebecq von einem Sprecher der Sekte zu ihm geführt wurde. Sie fielen einander in die Arme.[40]

«Sind Sie Anhänger des Klonens?», wurde Houellebecq auf diesem Kongress von einem Schweizer Journalisten gefragt. «A priori finde ich es eine interessante Idee», antwortete er, «und als langjähriger Leser von Science-Fiction-Romanen erscheint mir diese Idee ohne besonderen Schrecken. Das ist eine mögliche Hypothese für die Reproduktion des Menschen. Ich bin für die Manipulation des Menschen. Ich meine, dass die menschliche Art nicht auf Ewigkeiten vorherbestimmt ist. Ich finde nichts Schreckliches daran, wenn die Menschheit ihre eigene Transformation in Betracht zieht.»[41] Das war ein entschieden anderer Tonfall als der im Kontext der «Elementarteilchen». Houellebecq empfahl hier nicht das Klonen zu therapeutischen Zwecken. Er sagte nicht: Keine Ahnung, es ist eine Möglichkeit, die es vorher nicht gab. Er zog die Reproduktion der Menschheit ganz klar in Betracht. Seit dem Erscheinen von «Ausweitung der Kampfzone» und «Elementarteilchen» waren zu diesem Zeitpunkt bereits ein paar Jahre vergangen.

Für Michel Houellebecq gehörten die Beschäftigung mit den Raelianern und später die Aufenthalte bei ihnen zur literarischen Recherche: In seiner im Jahr 2000 in Frankreich erscheinenden Erzählung «Lanzarote», in der der Angestellte Michel eine Urlaubsreise auf die Kanareninsel bucht und dort den belgischen Polizisten Rudi und die beiden lesbischen deutschen Frauen Pam und Barbara kennenlernt, tritt Rudi der Sekte der «Azraëlisten» bei, die, auf gutem Fuß mit den neuesten Erkenntnissen der Biotechnologie, ihren Mitgliedern das ewige Leben verspricht. Auch das Gedächtnis soll «eingefroren» und der nichtsahnenden Nachwelt überliefert werden. Die Anlehnung an die Raelianer ist deutlich zu erkennen, vermischt mit ein paar Anleihen beim Fall des Kindermörders Marc Dutroux. Und auch in seinem 2005 erschienenen Roman «Die Möglichkeit einer Insel» sind die dort auftretenden Neo-Menschen die Nachfahren der «Elohimiten», einer Sekte, die im Roman Ende des zwanzigsten Jahrhunderts entstanden und den Raelianern nachempfunden ist: eine Sekte, die an die Existenz von Außerirdischen glaubt, die einst mit ihren Raumschiffen auf der Erde gelandet sind, mit Gentechnik die Menschen erschufen und eines Tages wiederkommen werden, um die Rechtgläubigen mit sich zu nehmen. Mit diesem Programm gewinnt die Sekte schnell zahlreiche neue Mitglieder und wird in kurzer Zeit zur wichtigsten Weltreligion. Wer sich ihr anschließt, vermacht ihr nach seinem Tod seinen gesamten Besitz. Als Gegenleistung wird die DNA des Toten konserviert, und er wird durch Klonen «unsterblich» gemacht.

Das Thema lässt Michel Houellebecq also nicht los. Wenn er im erwähnten Interview mit dem Schweizer Journalisten allerdings klingt wie seine eigene Romanfigur – wie Michel Djerzinski aus «Elementarteilchen» –, wenn er den Vorwürfen, denen er bei Erscheinen des Romans ausgesetzt war, recht zu geben scheint, deutet sich hier noch etwas anderes an. Michel Houellebecq spricht zu diesem Zeitpunkt nicht mehr bloß als der Schriftsteller, der er ist. Er hat zugleich eine neue Rolle gefunden, die ihm mehr und mehr zu gefallen beginnt. Es ist die Rolle des Provokateurs.

Der Provokateur

Im Sommer 2000 besuchte die amerikanische Journalistin Emily Eakin Michel Houellebecq in Irland. Ihr Bericht klang so, als sei sie ein paar Tage in einer Art Dschungelcamp gewesen: «Ein Wochenende in seiner Gesellschaft zu verbringen heißt zwangsläufig, an einem Experiment in Stimulanzienabbau teilzunehmen. Alle Außenreize werden auf ein absolutes Minimum reduziert. Körperliche Bewegungen gelten als unangemessen, ebenso Reden, Essen und jegliche andere Aktivität, die vom großen Ziel ablenken könnte: die Zeit vom Samstagmorgen bis zum Sonntagabend mit geringst möglicher Bewusstheit durchzustehen.»[1] Sie schilderte, wie sie an der Tür des Vororthauses geklingelt hatte, in dem Houellebecq mit seiner Frau Marie-Pierre wohnte. Wie Houellebecq ihr die Tür öffnete, ohne Schuhe dastand, «mit traurigen braunen Augen» blinzelte und sie ins Wohnzimmer bat. Wie er sich mit einem Päckchen *Silk Cuts* und einer Flasche *Jim Beam* in einem Sessel zusammenrollte, um sich dann das ganze Wochenende kaum mehr zu bewegen. Ein «müdes Elementarteilchen», dessen Kopf beim Abendessen «in trunkener Betäubung» auf dem Teller landete, ein Mann in stummem Protest gegen die Welt.

Beim Essen in seinem Wohnzimmer war Michel Houellebecq zu berauscht, um etwas zu sich zu nehmen. Er stocherte, so Eakin, in seiner Portion Krebs herum und hatte schließlich etwas davon am Ärmel hängen. Sein Kopf begann sich zu senken, seine Augenlider hingen herab, aber er wirkte fröhlich: «Ich bin der Star der französischen Literatur», sagte er undeutlich. «Der radikalste von allen.» Er streckte die Hand aus und tätschelte Eakins Knie. «Wie heißen Sie noch? Möchten Sie in meinem erotischen Film mitmachen?»

Eakins Porträt erschien im «New York Times Magazine», es wurde in der ganzen Welt nachgedruckt und hat das Bild des Schriftstellers in dieser Zeit nachhaltig geprägt: einer der erfolgreichsten französischen Schriftsteller, betrunken, scheinbar ohne Kontrolle, der eine Frau hemmungslos anmacht. Das blieb hängen, gerade auch deshalb, weil Eakins Besuch mit einem Erpressungsversuch endete: Houellebecq hatte vor, anschließend eine Woche nach Paris zu fahren, bei seinem Verlag vorbeizuschauen, Dinge zu erledigen. Am Freitag, hatte er gesagt, wolle er ins «Chris et Manu» gehen, den bereits erwähnten Swingerclub. Als Eakin ihn früh an diesem Abend anrief, schlug er vor, dass sie stattdessen bei ihm vorbeikommen solle, in einem durchsichtigen Kleid. «Ich will eigentlich nicht weggehen», sagte er. «Ich will nur einfach Sex.» Sie seien an der Grenze des Redens angekommen. Es gebe Dinge, die nur Leute zu hören bekämen, die eine körperliche Beziehung mit ihm hätten. Als das zu nichts führte, fing er an, sich zu beklagen. Die Journalistin sei die Gegnerin der Groupies. Das Groupie sei nur da, «damit man es treiben kann». Die Journalistin wolle ein Interview, und gewöhnlich gewinne die Journalistin. Er aber sei auf der Seite des Groupies.

Eakin stellte Houellebecq und die Provokation, die er für sie bedeutete, aus. Sie beschrieb ihren Besuch, fügte biographische Details hinzu, aber sie analysierte nicht weiter. Weder fragte sie danach, was den Schriftsteller antrieb, dass er sich ihr so zeigte, noch brachte sie seinen Auftritt in irgendeinen Zusammenhang mit seinen Büchern. Verstärkt wurde der Effekt von Intimität und Privatheit durch die Fotografien Lise Sarfatis, die das «New York Times Magazine» zusammen mit der Reportage druckte. Sie zeigten Houellebecq, den Blick in die Kamera gerichtet, mit zerzausten Haaren und weit geöffnetem Hemd an einem Tisch sitzend sowie angezogen auf einem Doppelbett vor einer Holzvertäfelung liegend, und zwar zusammen mit seiner Frau, die in einem schwarzen Bustier ein Kissen umschlang. So vermittelte der Artikel den Eindruck, als wären wir, die wir den Bericht lasen und die Fotos betrachteten, ganz nah dran an der Person des neuerdings berühmten Schriftstellers. Wer aber war dieser Michel Houellebecq? Und vor allem: Wer war er, dass er auf diese Art der Provokation so großen Wert zu legen schien?

«Ich bin normal. Ein normaler Schriftsteller», heißt ein Text, der für die Beantwortung dieser Frage aufschlussreich ist. Er erschien 2004 in einem Band, der Texte von

Schriftstellern versammelte, die in Frankreich mit dem «Prix de Flore» ausgezeichnet worden waren, jenem von Frédéric Beigbeder ins Leben gerufenen Literaturpreis, mit dem französischsprachige Werke junger Autoren prämiert werden und der jedes Jahr im berühmten Café de Flore in Saint-Germain-des-Prés verliehen wird. Der Ton ist, wie immer bei Houellebecq, selbstironisch, in diesem Fall aber nicht über die Maßen. Man glaubt beim Lesen tatsächlich, der subjektiven Schilderung jenes Moments beizuwohnen, in welchem dem Schriftsteller, an einem Abend im Café de Flore in Paris, das Auge der Kamera, das auf ihn gerichtet ist, zu gefallen beginnt. Es ist der Moment, in dem Michel Houellebecq bereitwillig eine neue Rolle anzunehmen beschließt: die des Literaturstars.

Der Text beginnt im Frühjahr 1992 bei einem Mittagessen mit dem Schriftsteller und Dichter Jean Ristat. Gerade ist Houellebecqs erster Gedichtband «La poursuite du bonheur» erschienen, «Suche nach Glück», und Ristat, der der Jury des nach dem Mitbegründer des Dadaismus benannten «Tristan-Tzara-Preises» angehört, eröffnet ihm, dass er ihn als Preisträger vorschlagen wolle. Ob er die Auszeichnung denn auch annehmen würde, wenn er gewönne? Einen Literaturpreis? Ja, natürlich. Auf jeden Fall.

Vier Jahre später ist Houellebecqs zweiter Gedichtband erschienen, «Der Sinn des Kampfes», «Le sens du combat». Diesmal ruft ihn der Schriftsteller Beigbeder an und erklärt ihm, dass er ihn für den «Prix de Flore» vorschlagen wolle, macht sich aber Sorgen, Houellebecq könne, wenn

Das berühmte Bild, das die Fotografin Lise Safarti von Michel Houellebecq und seiner Frau Marie-Pierre in Irland für Emily Eakins Reportage im «New York Times Magazine» machte.

er den Preis habe, ausflippen, durchdrehen, seine Karriere als Schriftsteller beenden, seine Manuskripte verbrennen oder in ein Ashram nach Chile verschwinden. Aber nein, Frédéric, keine Sorge, er habe alles unter Kontrolle, versichert er ihm. Der Gewinner des «Tristan-Tzara-Preises» bekommt 5000 Francs und 50 Flaschen *Sancerre* sowie eine Drei-Liter-Flasche *Sancerre*, auf der der Name des Preisträgers eingraviert ist. Der Gewinner des «Prix de Flore» dagegen bekommt 40 000 Francs und 365 Gläser *Pouilly Fumé* (diesmal mit eingraviertem Namen im Glas). Also sei der «Prix de Flore» eindeutig besser, findet Houellebecq. Sein erster Roman, «Ausweitung der Kampfzone», ist zwei Jahre zuvor in Frankreich erschienen, ein «Kultbuch», das – so Houellebecq kokett – «keiner kauft, aber alle lesen». Er sei inzwischen ein anerkannter Schriftsteller, stellt er in «Ich bin normal» selbst fest, löse aber immer wieder Verunsicherung aus. Als er auf ein Kolloquium eingeladen werden soll, wird er ermahnt, sich auf der Bühne bitte nicht auszuziehen. Und als er den «Prix de Flore» für «Le sens du combat» tatsächlich erhält, freut sich Valérie Taillefer vom Verlag Flammarion, die ihm die Nachricht am Telefon überbringt, sehr für ihn, bittet ihn aber inständig, auch wirklich zu kommen und sie bei der Preisverleihung nicht im Stich zu lassen.

«Seit Beginn der neunziger Jahre habe ich regelmäßig publiziert», schreibt Houellebecq. «Ich wurde ins Fernsehen eingeladen und habe mich mit verschiedenen Moderatoren unterhalten. Ich war auf Buchmessen dabei, habe gut gelaunt beim Spiel der Autogramme und Widmungen mitgemacht. Ich habe keinen Fotografen beleidigt, im Gegenteil, mit manchen habe ich ein gutes Verhältnis. Ich verstehe es nicht. Was stimmt mit mir nicht? Warum beargwöhnt man mich? Ich nehme Auszeichnungen an, Ehrungen. Ich spiele das Spiel. Ich bin normal. Ein normaler Schriftsteller. Manchmal wache ich nachts auf und betrachte mich im Spiegel; ich beobachte mein Gesicht; ich versuche zu sehen, was die anderen sehen, das, was ihnen Sorgen macht. Ich bin nicht sehr schön, das steht fest, aber ich bin nicht der Einzige, der nicht schön ist. Es muss etwas anderes sein. Der Blick? Vielleicht der Blick. Das Einzige, was man im Spiegel nicht sieht, ist der eigene Blick.»[2]

Und dann schildert Houellebecq, wie er zur Preisverleihung im Café de Flore eintrifft: «BHL [er meint den französischen Philosophen Bernard-Henri Lévy], abwesend; seine Frau, abwesend; Françoise Sagan, auch nicht da, aber sie ist vielleicht tot, hat also eine Entschuldigung.» Und wie er sich an diesen Moment der Ankunft erinnert: «Ich unterhielt mich entspannt und ein bisschen träge mit Raphaël Sorin[3]. Wir standen oben im ersten Stock auf der Balustrade des Flore zusammen. Ein Fotograf näherte sich. Ohne das Gespräch zu unterbrechen, richtete ich meinen Blick in seine Richtung und warf ihm ein flüchtiges Lächeln zu; er störte mich nicht im Geringsten. Seit langem war ich auf der Suche nach einer Art zu leben. Hier war sie, ich hatte sie gefunden: Ich würde Star werden.»

Man mag diesen Text für eine Selbstmythisierung halten. Beobachten lässt sich aber, dass Michel Houellebecq von da an tatsächlich seine Rolle gefunden zu haben scheint. Er fragt sich offenbar nicht mehr, was mit ihm nicht stimmen könnte, wenn andere seine Grenzüberschreitungen fürchten. Er beginnt vielmehr, mit ihren Befürchtungen zu spielen und macht sich einen Spaß daraus, tatsächlich Grenzen zu überschreiten. Er benimmt sich daneben und findet – den Blick in die Objektive der Fotografen und Kameraleute gerichtet – Gefallen daran.

«Im Literaturbetrieb ist es sehr einfach, sich einen Namen als böser Junge zu machen», hat der englische Schriftsteller Julian Barnes in einem wunderbaren Essay über Michel Houellebecq geschrieben und festgehalten, dass dieser bereitwillig alles tat, was man dafür tun musste. Mit dem Erfolg von «Elementarteilchen» ging das erst richtig los. Anders als in Deutschland wurde der Roman von der französischen Kritik zum Teil übel verrissen, die Leser hielt das aber nicht davon ab, ihn trotzdem zu kaufen. Auch wurde Houellebecq erneut ein Literaturpreis zugesprochen, diesmal der «Prix Novembre», in dessen Jury neben Julian Barnes auch Mario Vargas Llosa saß, der «Elementarteilchen» einen – aus seinem Mund selbstverständlich ein Lob – «unverschämten» Roman nannte, und der französische Schriftsteller Philippe Sollers, eine der umtriebigsten Figuren im Pariser Literaturbetrieb, der sich im Roman selbst hatte finden können: «Sie sind reaktionär, das ist gut. Alle großen Schriftsteller sind reaktionär. Balzac, Flaubert, Baudelaire, Dostojewski: alles Reaktionäre. Aber man muss ja auch vögeln, nicht? Sexparties. Das ist wichtig», ließ Houellebecq Sollers in «Elementarteilchen» sagen. Und der Protagonist Bruno, dem dieser Rat galt, machte mit der frisch gelernten Lektion gleich ernst: «Philippe Sollers schien ein bekannter Schriftsteller zu sein; und trotzdem gelang es ihm nur, wie die Lektüre von ‹Frauen› deutlich zeigte, abgehalfterte Schlampen aus der Kulturszene zu ficken; die kleinen Miezen zogen offensichtlich Sänger vor. Was brachte es unter solchen Bedingungen schon, idiotische Gedichte in einer beschissenen Zeitschrift zu veröffentlichen?»[4]

Sollers, der sich ein paar Jahre später auch öffentlich an Houellebecqs Seite stellte, als dieser wegen islamfeindlicher Äußerungen vor Gericht stand, verhinderte den Preis deshalb aber keineswegs. Und Houellebecq nahm ihn auch diesmal wieder persönlich entgegen – nur kam er in zu großem Pulli und zerbeulter roter Jeans zur Preisverleihung, nahm seinen Scheck in Empfang und verweigerte sich allen bürgerlichen Nettigkeiten oder Worten des Danks. Die Leute im Publikum waren nicht gerade entzückt. Es sei ungehörig, einen Preis entgegenzunehmen, ohne sich vorher gewaschen zu haben, beschwerte sich ein Verleger. Auch der Stifter des Preises zeigte sich schwer beleidigt und kündigte an, die Verleihung für ein Jahr aussetzen zu wollen, damit die Jury über die künftige Ausrichtung diskutieren könnte. Nur sah die Jury dazu keinen Anlass, suchte sich einen neuen Sponsor und nannte den Preis fortan «Prix Décembre».[5]

Mit ausgeleiertem Pulli auf einer Preisverleihung

zu erscheinen und nicht danke zu sagen – das hört sich einigermaßen lächerlich an, wenn man weiß, was noch kommt. Wenn man das Bild des Whisky-trunkenen, im Essen hängenden «Elementarteilchen» von Emily Eakin schon vor Augen hat. Einen Autor, der Interviewerinnen in Deutschland erklärt: «Erst schlafen wir miteinander, dann reden wir.» Oder sich vor laufender Kamera so zielstrebig betrinkt, dass er, der seine in sich hineingesprochene Rede gerne durch langgezogene, beinahe gesummte «Ähmmmms» unterbricht und sich viel Zeit nimmt, um zwischendurch nachzudenken, irgendwann eingeschlafen zu sein scheint. Einen, dessen Lesungen sehr bald Hallen füllen und bei dem es schon mal vorkommen kann, dass er eine junge Frau in der Menge entdeckt, die er schön findet, auf sie zuläuft, ihren Kopf zwischen die Hände nimmt, sie küsst, ihr tief in die Augen schaut und sie gar nicht mehr loslässt, bis alle im Raum das «Sekunden-Liebespaar» gesehen haben und er sie wieder freigibt und strahlend allein weiter Richtung Bühne strebt.[6]

Michel Houellebecq sei medienwirksam als Antityp der Medienwirksamkeit, heißt es in Julian Barnes' Essay. Und das trifft es auf den Punkt. Wobei wohl genauso wichtig ist, dass er sich dessen auch bewusst ist und es voll ausspielt. Mit Erscheinen von «Elementarteilchen» konstituiert sich auf diese Weise nicht nur ein Image, sondern auch ein bestimmter Stil Michel Houellebecqs. Dazu trägt wesentlich jenes berühmte Foto bei, das der Fotograf Renaud Monfourny von ihm gemacht hat und das auf dem Cover der französischen Taschenbuchausgabe genauso abgebildet war wie auf den deutschen Ausgaben und zahlreichen anderen Übersetzungen: Zu sehen ist Michel Houellebecq mit einem zu groß und altmodisch wirkenden hellen Sakko, dessen eine Tasche eingebeult ist, mit einer zu hoch gezogenen dunklen Anzughose, einem Karohemd, dessen Kragen nachlässig unter dem Sakko verschwindet, und einer Plastiktüte der bekannten französischen Supermarktkette Monoprix im angewinkelten linken Arm. Die rechte Hand führt er gerade zum Mund, in dem eine Zigarette steckt. Er blickt in das Auge des Betrachters und ein bisschen auf ihn herab, da das Bild von schräg unten aufgenommen ist, ernst und frisch gekämmt.

«Gewöhnlich sagen die Leute, er sei nachlässig angezogen, tatsächlich hat er einen Stil, der natürlich nicht modisch oder elegant ist, aber seit den Anfängen sehr stimmig», hat Monfourny die Fotografie kommentiert. «Wir haben das Foto 1998 während eines Shootings aufgenommen, das wir für die Zeitschrift ‹Les Inrocks›[7] gemacht haben, als ‹Elementarteilchen› erschien. Wir haben uns damals am Hôpital Cochin getroffen, die Journalisten von ‹Inrocks› wollten ihn in einem wissenschaftlichen Laboratorium fotografieren lassen. Ihm wurde ein weißes Hemd angezogen und man hat ihn vor lauter bunte Messkolben gesetzt.» Er sei als Fotograf aber kein Freund solch artifizieller Inszenierungen, so Monfourny weiter. Und deshalb habe er es nicht bei diesen Auftragsfotos belassen, er wollte unbedingt auch ein Porträt machen.

Als sie hinausgingen und in den Hof des Krankenhauses kamen, sah der Fotograf eine weiße Mauer, bat Houellebecq, sich davorzustellen, und fing an, ihn zu fotografieren, ohne dass der Autor sich darauf vorbereiten konnte. «Deshalb hat er auch die Tüte in der Hand, die seine war. Einen Augenblick später stellte er sie ab und zog auch das Sakko aus.» Es sei ein Foto, das in einem Zwischenmoment entstanden sei. Und es stimme, dass es Michel Houellebecq perfekt zusammenfasst: die Zigarette, die Geste, die Monoprix-Tüte. Michel verstecke sich darauf nicht, und er fürchte das Objektiv ganz und gar nicht, er nehme auf diesem Bild keine Pose ein, versuche nicht, jemand anderes zu sein. Er mache Kino, aber sei kein Schauspieler.[8]

Der Houellebecq-Stil wurde schnell zum Klischee, was damit zu tun hatte, dass die Journalisten, die ihm begegneten oder ihn auf Lesungen erlebten, gar nicht genug davon kriegen konnten, diesen Stil zu beschreiben, seine typischen Gesten, seine Art, sich zu kleiden, vor allem auch seine Art zu rauchen. In jedem Houellebecq-Text, der erschien und in dem seine Person im Spiel war, wurde die Houellebecq-spezifische Angewohnheit, die Zigaretten eher zu essen, als den Qualm zu inhalieren, ausführlich beschrieben. Dieses «gierige Rauchen», bei dem er die Zigarette fest zwischen dem ersten Glied des Ring- und Mittelfingers der rechten Hand einklemmte (manche behaupten: wegen eines ehemals gebrochenen Fingers), «die Philip Morris tief in den Mundwinkel schob, mit den Backenzähnen darauf herumkaute und tief, tief inhalierte».[9]

Aber lag in diesem Auftritt und diesem Stil die Provokation? Hatten Schriftsteller wie William S. Burroughs,

Charles Bukowski, Rolf Dieter Brinkmann oder Bret Easton Ellis das nicht auch schon so oder so ähnlich gemacht? War es nicht alles andere als neu, sich im Jahr 2000 als Schriftsteller auf diese Weise zu inszenieren? Wieso funktionierte das so ungeheuer gut?

Es funktionierte deshalb perfekt, weil Michel Houellebecq im Grunde einen Taschenspieler-Trick anwandte. Er riss die Grenze zwischen seinem Werk und seiner Person bewusst ein, verwischte die Trennung von Figuren- und Autorenrede und gab anschließend vor, die allgemeine Aufregung nicht zu verstehen. Was er in Abrede stellte, war eine Übereinkunft: nämlich die, dass Literatur und öffentliche Rede zwei unterschiedliche Orte des Sprechens seien, mit denen sich auch unterschiedliche Regeln des Sprechens verbinden. Houellebecq sprach in der Öffentlichkeit nach den Maßgaben der Literatur. Genau deshalb konnte man seine Romane nicht lesen, ohne an den Autor zu denken, genau deshalb schlichen sich seine öffentlichen Äußerungen in die Lektüre seiner Bücher ein. «Il n'y a pas de hors-texte», es gibt kein Außen des Textes, lautet die Devise, die die avancierte französische Literaturtheorie für die Moderne formuliert hat. Michel Houellebecq machte sich einen Spaß daraus, diese Devise zum ironischen Programm seiner Provokation zu erheben. Dass in «Elementarteilchen» eine der Hauptfiguren Michel hieß, war bei der Verwirklichung dieser Strategie schon sehr hilfreich gewesen. In seinem 2001 erschienenen Roman «Plattform» hieß der Protagonist wieder Michel und war eine typische Houellebecq-Figur, voller

Ähnlichkeiten mit seinem Schöpfer: Er war Beamter im Kulturministerium, vierzig, farblos, frustriert und nach Dienstschluss einsamer Peep-Show-Erotomane und Experte im TV-Zappen. Mit «Plattform» trieb Houellebecq das Spiel auf die Spitze.

«Mein Vater ist vor einem Jahr gestorben», lautet der erste Satz. Allein das war natürlich schon eine Ansage, erinnerte er doch an einen anderen ersten Satz eines anderen Romans: «Heute ist Mama gestorben», heißt es in Albert Camus' «Der Fremde», «vielleicht auch gestern, ich weiß es nicht.» Eine Respektlosigkeit bei Camus. Und auch Houellebecq beginnt so, setzt aber noch eins drauf: «Vor dem Sarg des alten Mannes gingen mir unangenehme Gedanken durch den Kopf. Er hatte vom Dasein profitiert, dieser alte Sack; er hatte sich verdammt gut durchs Leben geschlagen. ‹Du hast Kinder gehabt, du Sau ...›, sagte ich beschwingt zu mir. ‹Du hast deinen dicken Pimmel in die Möse meiner Mutter geschoben.›» Die erste Seite ist noch nicht zu Ende, da ist der Ton von «Plattform» schon gesetzt, und die Leser sind – ein zugegebenermaßen ziemlich einfacher Effekt – hellwach.

Michel beschließt nach dem Tod des Vaters, dass er mal rausmuss, und bucht eine Pauschalreise nach Thailand. Die Hitze umschließt ihn dort «wie ein Mund». Er lässt sich in Massagesalons verwöhnen und freut sich, dass seine «Begeisterung für Mösen» nach all den Jahren nicht nachgelassen hat, was er für einen seiner letzten menschlichen Züge hält.

Innerhalb der Reisegruppe lernt er Valérie kennen, in die er sich, zurück in Paris, ernsthaft verliebt. Sie hat einen wunderschönen Körper, sie haben viel Sex. Von den Erfahrungen der Thailandreise profitierend, verwandeln sie ihr Verhältnis in eine Art «Unternehmen Aphrodite». Denn Valérie, die im Management des Touristik-Unternehmens *Aurore* arbeitet, erhält den Auftrag, mit ihrem Chef ein erfolgversprechendes Konzept für Ferienclubs zu entwickeln. Zu dritt bereiten sie eine «Plattform für die Aufteilung der Welt» vor. Kriterium ist das unterschiedliche Begehren: Thai-Mädchen für die Männer des Westens und Karibik-Reisen für die frustrierten Frauen an ihrer Seite. Als Michel und Valérie gerade beschlossen haben, an den Stränden Thailands gemeinsam ihr Leben zu verbringen, wird Valérie Opfer eines Attentats islamistischer Fundamentalisten.

Aber das ist noch nicht alles: Ein ägyptischer Gentechniker gibt im Roman pöbelnd zum Besten, dass der Islam «nur im Stumpfsinn einer Wüste» habe entstehen können, «inmitten dreckiger Beduinen, die nichts anderes zu tun hatten, als ihre Kamele zu ficken». Michel stellt fest, dass die arabischen Sextouristen in Thailand «noch viel frenetischer als die Westler» seien. Und nach dem Attentat resümiert er: «Der Islam hatte mein Leben zerstört, und der Islam war sicherlich etwas, was ich hassen konnte. In den folgenden Tagen bemühte ich mich, die Muslime zu hassen. Es gelang mir ganz gut, und ich begann wieder, die Nachrichten aus aller Welt zu verfolgen. Jedesmal wenn ich erfuhr, dass ein palästinensischer Terrorist, ein palästinensisches Kind oder eine schwangere Palästinenserin im Gazastreifen erschossen worden war, durchzuckte mich ein Schauder der Begeisterung bei dem Gedanken, dass es einen Muslim weniger gab. Ja, man konnte auf diese Weise leben.»[10]

Schon in «Lanzarote», seiner zwei Jahre nach den «Elementarteilchen» erschienenen Erzählung, hatte es einen ähnlichen Dialog im Reisebüro gegeben. Der Erzähler wollte einen Urlaub buchen und sagte auf die Vorschläge der Reisevermittlerin hin: «Ich mag die arabischen Länder nicht. (…) Ich meine, die arabischen Länder sind schon in Ordnung, ich mag die *islamischen* Länder nicht. (…) Hätten Sie wohl ein arabisches, aber nicht-islamisches Land?»[11] Der Erzähler sprach auch von einer «lächerlichen Religion». Im Gegensatz zu dem, was die Figuren in «Plattform» umtrieb, war das allerdings harmlos.

Und dann kommt der Autor Michel Houellebecq und gibt Didier Sénécal für die Zeitschrift «Lire» ein Interview. Es ist das Interview, in dem er sagt, dass er «den Islam für die bescheuertste Religion von allen» halte. Genau hier vollzieht er jenen Taschenspieler-Trick, von dem die Rede war. Er spricht als Michel wie «Michel», reißt die Grenze zwischen seinem Werk und seiner Person ein: Da Houellebecq einmal behauptet hatte, dass seine Mutter zum Islam übergetreten sei (obwohl er das an anderer Stelle ja auch wieder bestritt), fragte ihn der Journalist, ob es einen Zusammenhang zwischen dieser Konversion und seiner Kritik am Islam gebe. Genauer gesagt: der angeblichen Konversion. Houellebecqs Mutter, die in Algerien geboren und katholisch getauft wurde, hat zumindest gegenüber Denis Demonpion, dem Autor der nicht autorisierten Houellebecq-Biographie, bestritten, jemals zum Islam übergetreten zu sein, wie wir bereits gesehen haben. Sie habe sich auf eine areligiöse spirituelle Suche begeben, so ihre Formulierung.

«Gar nicht mal so», antwortete im Interview Houellebecq auf die Frage nach der Mutter, «denn ich habe sie nie ernst genommen. Das war das letzte Mittel, das sie erfunden hatte, um der Welt auf die Nerven zu gehen, nach einer ganzen Reihe genauso lächerlicher Erfahrungen. Nein, ich hatte eine Art negative Offenbarung im Sinai, da, wo Moses die Zehn Gebote erhielt. (…) Plötzlich spürte ich eine vollkommene Abneigung gegen die Monotheismen. In dieser sehr steinigen, sehr inspirierenden Landschaft habe ich mir gesagt, um an einen einzigen Gott zu glauben, musste man ein Idiot sein, ich fand kein anderes Wort dafür. Und die bescheuertste Religion von allen ist doch der Islam. Wenn man den Koran liest, ist man am Boden … völlig am Boden! Die Bibel, das ist zumindest sehr schön, weil die Juden ein echtes literarisches Talent hatten … was eine Menge entschuldigen kann. Ich habe immer noch einen Rest Sympathie für den Katholizismus, aufgrund seines polytheistischen Aspekts. Und dann gibt es all diese Kirchen, die Glasfenster, Malereien, Skulpturen …»[12]

Von diesem Moment an hatte der Autor ein echtes Problem. Mehrere muslimische Verbände reichten Klage ein. Sie forderten, das neue Literaturmagazin «Campus» auf

France 2, dem größten öffentlich-rechtlichen Fernsehsender in Frankreich, wo Houellebecq auftreten sollte, vor der Ausstrahlung sichten zu dürfen, um zu verhindern, dass er seine muslimfeindlichen Äußerungen wiederholen könnte. Die Richterin lehnte die Präventivzensur ab, diese sei mit dem Prinzip der freien Meinungsäußerung nicht vereinbar. Und Houellebecq saß kurz darauf in der ersten Ausgabe von «Campus» im blau dekorierten Studio, mit blau kariertem Hemd, über ihm blauer Zigarettenrauch, und zuckte mit den Schultern: «Der Islam, die bescheuertste Religion der Welt? Das hängt vom Tag ab», antwortete er dem Moderator Guillaume Durand. «Sind Sie ein Provokateur?», fragte der. «Ja, von Zeit zu Zeit, wenn ich mich langweile, aber mit Ihnen langweile ich mich nicht.»

«Plattform» wurde zum Bestseller, knapp 200 000 Exemplare wurden in kaum zwei Wochen verkauft. Aber beim Verlag war man nicht nur erfreut: Der Vorstandsvorsitzende Charles-Henri Flammarion sah sich verpflichtet, dem Rektor der Moschee von Paris, der ebenfalls bei Flammarion veröffentlichte, sein «Bedauern über die Entgleisungen und unbedachten Äußerungen, die das Erscheinen von Michel Houellebecqs Roman in den Medien verursacht» habe, auszudrücken. Houellebecq wiederum fühlte sich deswegen von seinem Verlag im Stich gelassen. Außerdem erhielt er anonyme Drohungen – und beschloss, nach Irland zu gehen.

Die muslimischen Verbände hatten sich in der Zwischenzeit zusammengetan und erstatteten Anzeige

wegen «rassistischer Beschimpfung» sowie «Aufstache-
lung zum Hass gegen die muslimische Gemeinschaft».
Kläger waren die Moscheen von Paris und Lyon, offizielle
Institutionen also, die vom französischen Staat gegründet
worden waren und die Gesetze des laizistischen Frankreichs respektierten. Darüber hinaus aber auch die reaktionäre Islamische Weltliga, die in Saudi-Arabien ihren
Sitz hat. Kurz vor Prozessbeginn kam noch die Französische Liga für Menschenrechte (LDH) hinzu, deren
Anwältin sich in ihrem Plädoyer allerdings sehr um eine
Abgrenzung zu den anderen Klägern bemühte.

Vorgeworfen wurde Houellebecq vor allem, nicht zwischen einer Kritik am Islam als Religion und der Ablehnung der Muslime als Menschen zu differenzieren. Das
inkriminierte Zitat schien nahezulegen, dass Houellebecq
den Islam und die Araber als Bevölkerungsgruppe miteinander vermengte – in diesem Fall würde es sich zwei-
fellos um Rassismus handeln. Houellebecq konnte sich
einfach aus der Affäre ziehen, indem er darauf beharrte, er
habe lediglich vom Islam als Ideologie gesprochen. Und
er spielte den Clown, indem er sagte: Er sei Spezialist
für Strichpunkte und in der Beziehung wahrscheinlich
der Beste in ganz Frankreich, aber was allgemeine Dinge
angehe, habe es nicht viel Zweck, ihn zu befragen. Er sei
nicht schlauer als andere Menschen. Er würde vieles sagen
und am nächsten Tag das Gegenteil.[13]

Die Verteidigung warf den Klägern vor, es gehe ihnen
um die «Wiedereinführung des Delikts der Gotteslästerung». Intellektuelle und Künstler sahen die Meinungs-

freiheit gefährdet. In einer Petition für Houellebecq hieß es: «Eine Meinung über die Religion zu haben, eine der anderen vorzuziehen oder alle abzulehnen, fällt unter das Recht auf freie Meinungsäußerung.» Die Unterstützer erklärten, im strittigen Interview seien abschwächende Sätze Houellebecqs nicht wiedergegeben worden. Zudem habe sich das Gespräch um Romanfiguren gedreht. Emmanuel Pierrat, der Anwalt des Autors, sagte, aus «Fragen seien Antworten» gemacht worden. Houellebecq warf dem Chefredakteur von «Lire», Pierre Assouline, in der mündlichen Verhandlung journalistische Fehler vor. Dieser hielt in seiner Zeitschrift dagegen, dass Houellebecq den Inhalt des Interviews niemals dementiert habe: «Alles, was in diesem Gespräch gesagt wurde, entspricht genau seinen Gefühlen, wenn nicht seinen Überzeugungen.» Der Schriftsteller Fernando Arrabal schilderte in der Verhandlung, wie ihm 1967 in Spanien aufgrund des Vorwurfs der Gotteslästerung der Prozess gemacht worden war und ihm weltbekannte Schriftsteller öffentlich zu Hilfe gekommen waren. Der atheistische Autor Dominique Noguez zitierte aus Zeitungen vom Anfang des zwanzigsten Jahrhunderts, aus der Zeit kurz vor der offiziellen Trennung zwischen Staat und Kirche, die in Frankreich – als Spätfolge der Dreyfus-Affäre – 1905 vollzogen worden war. Und dann waren da noch die Rassisten des rechtsextremen «Mouvement national républicain». Ein Dutzend Aktivisten war in T-Shirts mit der Aufschrift «Meinungsfreiheit» zum Prozess erschienen. In einer Erklärung verdammte die Partei des rechtsextremen Politikers Bruno Mégret den Islam, weil er eine «der französischen und europäischen Zivilisation fremde Religion» darstelle.[14]

Michel Houellebecq wurde Ende Oktober 2002 vom Vorwurf der rassistischen Beleidigung und Beihilfe zur Anstiftung zum Rassenhass freigesprochen: «Houellebecq darf den Islam ungestraft als ‹dümmste Religion› bezeichnen», hieß es ganz groß überall in den Medien. Die Staatsanwaltschaft hatte sich der Auffassung Houellebecqs angeschlossen, dass sich seine Äußerungen gegen den Islam allgemein und nicht gegen die Muslime richteten.

Die selbst betriebene Vermischung der Rede seiner literarischen Figuren mit den eigenen öffentlichen Äußerungen war als Prinzip der Provokation fortan aufs Wirksamste etabliert und die Verwirrung groß. Die Literaturkritiker saßen in der Klemme, weil manchen nicht ganz klar war, was sie eigentlich besprechen sollten, die Bücher oder den Autor – die im Kurzschluss dann oft gleichgesetzt wurden. Vor allem aber kam erneut die Frage auf, wo der Autor politisch eigentlich stehe. Was sollte man davon halten, wenn er die Positionen seiner literarischen Figuren und ihre Redewendungen in die Wirklichkeit des Lebens trug? Wie sicher konnte man sein, dass dies Teil eines fiktionalen Projekts war, eines literarischen Entwurfs, den der Schriftsteller in der Öffentlichkeit als Performance aufführte – und am Ende nicht doch seine wirklichen politischen Überzeugungen?

Schon in den Wochen nach Erscheinen von «Elementarteilchen» war der Streit in der Presse um politische Kategorien geführt worden. Houellebecq wurde zum Reaktionär, zum Faschisten, zum Frauenverächter und zum Buddhisten erklärt.[15] Ein «Arschloch» und einen «rechten Beatnik» hatte ihn der deutsche Poptheoretiker Dietrich Diederichsen genannt. Jetzt warf man ihm all das wieder vor – vor allem auch, auf radikale Weise politisch inkorrekt zu sein. Houellebecq äußerte sich zu alldem wie immer nicht. Oder besser: Wenn er sich äußerte, dann nur, um die Uneindeutigkeit seiner Position noch weiter zu treiben und um zu zeigen, wie wenig ihn die Vorwürfe, mit denen man ihn konfrontierte, zu kümmern schienen. Houellebecq besäße die Nonchalance jener Autoren, die sich ihrer selbst wirklich sicher seien, hat sein Freund Frédéric Beigbeder einmal geschrieben. «Es ist ihm scheißegal, was Sie denken werden: und dieses Sich-einen-Dreck-Kümmern um die Meinungen der anderen ist seine einzige Ideologie.»[16]

Jahre später allerdings hat Houellebecq sich dann doch geäußert, anlässlich der Verleihung des Preises der Frank-Schirrmacher-Stiftung in Berlin im September 2016. In seiner Dankesrede schaute er ins Jahr 2002 zurück – in das Jahr nach der Veröffentlichung von «Plattform». Er trug diese Rede bemerkenswert beiläufig vor, halblaut, ohne Akzentuierungen, im Tonfall zögerlich, «als fiele sie ihm auf der Grundlage eines Stichwortzettels gerade ein» und als hinge an keiner einzigen Formulierung etwas. «Eindrucksmanagement der eigenen Person», hat der Herausgeber der «Frankfurter Allgemeinen Zeitung», Jürgen Kaube, das am darauffolgenden Tag

Je abgewetzter die Jacke, je speckiger der Rucksack, je eingefallener der Mund, desto kostbarer jede Erinnerung an Kultur, wenn Michel Houellebecq dann doch das Wort ergreift: Houellebecq im August 2014 in Spanien.

in Anlehnung an Stephen Greenblatts Begriff des «self-fashioning» genannt. «Denn in Wirklichkeit hatte er die ganze Rede komplett auswendig gelernt. Er übersprang keinen Satz des Manuskripts, sagte jeden genau so, wie er dastand, und ergänzte aus dem Moment heraus so gut wie nichts.»[17] Zu hören und zu sehen war ein Intellektueller, der viel Energie in den Eindruck investierte, keiner zu sein, und alle Klischees dessen zu unterlaufen, was zumindest einen französischen Intellektuellen für gewöhnlich auszeichnet: Sprachvollendung, Rhetorik, Analytik, Dreiteilung des Arguments, Eleganz des Auftritts samt dem Willen, den Vorwurf der Eitelkeit auf sich zu ziehen, Stil. Es sei eine beträchtliche Leistung gewesen, all das zu vermeiden, und zwar so perfekt, dass nicht einfach etwas Stilloses dabei herauskam, sondern ein Rätsel, das alle beschäftigte – dadurch, dass sie schäumten vor Ärger oder vor Begeisterung.

Er halte es für nützlich, ein wenig zu präzisieren, was genau durch seine Existenz und den Erfolg seiner Bücher in Gefahr gebracht wurde, sagte Houellebecq in dieser Rede. Sehr häufig verwende man dafür den Ausdruck «politische Korrektheit», stattdessen würde er aber gerne ein etwas anderes Konzept einführen, das er «Neuen Progressivismus» nenne.[18] Dieser habe seinen perfekten und vollständigen Ausdruck in einer Publikation erreicht, die im Jahr 2002 erschienen sei – einem schmalen Band von Daniel Lindenberg mit dem Titel «Aufruf zur Ordnung» und dem Untertitel «Untersuchung der Neuen Reaktionäre». Er selbst sei darin einer der «Hauptangeklagten», «einer der vordersten in der Reihe der Reaktionäre». Der Untertitel habe den Eindruck erweckt, die neuen Reaktionäre hätten sich eines Aufrufs zur Ordnung schuldig gemacht. Tatsächlich sei es ihm aber so vorgekommen, als sei er es gewesen, der zur Ordnung gerufen werden sollte: «Achtung, Sie haben vergessen, sich der Linken zuzuordnen.»

Houellebecq warf Lindenberg vor, unter dem Etikett «Neue Reaktionäre» Leute zusammenzufassen, deren Meinungen auf nichts dergleichen zu schließen erlaubten und die definitiv nichts miteinander gemein hatten: «Zum ersten Mal kann man, Lindenbergs Buch zufolge, Reaktionär sein, nicht weil man rechts ist, sondern weil man zu links ist. Ein Kommunist oder jeder, der sich den Gesetzen der Marktökonomie als letztem Ziel widersetzt, ist ein Reaktionär. Jeder, der strikt gegen die Auflösung seines Landes in einem föderalen europäischen Raum ist, ist ein Reaktionär. Jemand, der den Gebrauch der französischen Sprache in Frankreich verteidigt oder jeder anderen Nationalsprache in ihrem jeweiligen Land und der sich der universellen Verwendung des Englischen entgegenstellt, ist ein Reaktionär. Jemand, der der parlamentarischen Demokratie und dem Parteiensystem misstraut, jemand, der dieses System nicht als die Ultima Ratio politischer Organisation begreift, jemand, der es gerne sähe, dass der Bevölkerung öfter das Wort erteilt wird, ist ein Reaktionär. Jemand, der dem Internet und den Smartphones wenig Sympathie entgegenbringt, ist ein Reaktionär. Jemand, der Massenvergnügungen so wenig mag wie organisierten Tourismus, ist ein Reaktionär.»

Eine Zuschreibungsliste. Nicht wenige der genannten Punkte waren dem Autor Michel Houellebecq schon vorgeworfen worden. Aber nicht nur ihm. Auch seinen Freunden, den französischen Schriftstellern Maurice Dantec und Philippe Muray, die inzwischen beide gestorben waren: Dantec war 1998 von Frankreich nach Kanada ausgewandert, schrieb Science-Fiction- und Kriminalromane sowie die dreibändige autobiographische Erzählung «Le Théâtre des opérations – Journal métaphysique et polémique»; er starb 2015. Muray war Essayist, schrieb über Louis-Ferdinand Céline, 2002 erschien ein Text mit dem Titel «Chers djihadistes», in dem er einen Brief an die Attentäter des 11. September 2001 fingierte; er starb 2006. Vor ihnen verbeugte sich Houellebecq in seiner Rede. Beide hätten sie eine große literarische Begabung besessen, ein seltenes Talent. Aber noch seltener sei gewesen, dass sie schrieben, ohne jemals an Anstandsregeln oder Konsequenzen zu denken. Dass sie sich nicht darum scherten, ob sich diese oder jene Zeitung von ihnen abwandte. Dass sie es gegebenenfalls akzeptierten, vollkommen allein dazustehen: «Sie schrieben einfach, und einzig und allein für ihre Leser, ohne jemals an die Begrenzungen und Befürchtungen zu denken, die die Zugehörigkeit zu einem Milieu einschließt. Mit anderen Worten: Sie waren freie Männer.» Ihre Freiheit sei befreiend gewesen. Aber da war Houellebecq schon nicht mehr nur bei Dantec und Muray, sondern sprach auch über sich selbst. Denn er meinte, das wurde in dieser Rede schnell klar, vor allem sich. Er sei noch nie bescheiden gewesen und lehne Bescheidenheit ab, hatte er zu Beginn behauptet und löste das gleich ein: «Man kann nicht sagen, dass die französischen Intellektuellen ‹sich befreit hätten›. Die Wahrheit ist: Wir waren es, die sie befreit haben, wir haben mit dem gebrochen, was sie hemmte, und ich bin einigermaßen stolz, an der Seite von Philippe Muray und Maurice Dantec meinen Teil dazu beigetragen zu haben. Keiner von uns dreien ist meiner Meinung nach das gewesen, was man einen großen Denker nennen könnte, dazu waren wir wahrscheinlich zu sehr Künstler, aber wir haben das Denken befreit. Jetzt ist es an den Intellektuellen, sich ans Denken zu machen. Und wenn sie ein neues Denken hervorbringen können, das dann auch zu tun.» Das war megaloman und zugleich ganz klar formuliert, wie eine Errungenschaft, etwas, das er angestrebt hatte und worauf er stolz zu sein schien.

Michel Houellebecq wäre aber nicht Michel Houellebecq, wenn er in seiner Dankesrede nicht auch noch ein paar andere Dinge gesagt hätte, die seine Kritiker reflexhaft auf die Barrikaden brachten. Er sagte: «Die Prostitution abschaffen heißt, eine der Säulen der sozialen Ordnung abzuschaffen. Das heißt, die Ehe unmöglich zu machen. Ohne die Prostitution, die der Ehe als Korrektiv dient, wird die Ehe untergehen und mit ihr die Familie und die gesamte Gesellschaft. Die Prostitution abschaffen, das ist für die europäischen Gesellschaften einfach ein Selbstmord.» Woraufhin sich die Romanistin Barbara Vinken in einem Gastkommentar in der «NZZ» empörte: «Ein Schriftsteller macht sich zum Sprachrohr einer völlig erotikfreien, spießbürgerlich-kapitalistisch-verdinglichten Doppelmoral von Sex als nacktem Geschäft und Sex als Kinderzeugen – und das in einem Land, das nach wie vor beansprucht, sich wie kein anderes auf die hohe Liebeskunst zu verstehen, von der die Literatur singt.»[19] Und auf «Zeit online» erschien ein wütender Artikel mit der Unterzeile «Bei seiner Dankesrede breitete Michel Houellebecq ein aberwitzig reaktionäres Weltbild aus, das seiner Kunst unwürdig ist.»[20]

Der Autor dieses Artikels schien Houellebecqs literarisches Werk irgendwie zu schätzen: Michel Houellebecq sei seit vielen Jahren «die erste Adresse für Potenzprobleme und Kastrationsängste, für durchpornographisiertes Liebessehnen, zunehmend angereichert mit Angst vor dem Islam. Aus schaurigem Schmutz und Muff was Schönes zaubern, aus Schnaps und Hass und Lebensangst», das sei seine «große Kunst». Der Schriftsteller kenne keine Moral. Die Behauptung der Unmoral sei seine Moral. An der Läuterung, die sein Werk leisten könne, wirke er nicht aktiv mit, das mache sein Werk ganz ohne ihn. «Aber wenn er die Welt seines Werks mit der wirklichen Welt verwechselt und sich selbst mit einem Moralisten, wird es schwierig.» Ein bisschen komisch war das schon. Seit bald zwei Jahrzehnten war Michel Houellebecq nun schon dabei, mit seinem Provokationsprogramm die Grenze von Figuren- und Autorenrede zu überschreiten – und nun wurde angemahnt, dass man so etwas nicht tue, weil es eine Regelverletzung sei, die Welt seines Werks mit der wirklichen zu verwechseln.

Das Bekenntnis zur möglichen Missachtung von Regeln war das eigentliche Thema von Houellebecqs Rede gewesen. «Anstandsregeln» hatte er das genannt. Nun hieß es mit Verweis auf Dantec und Muray, es ginge Houellebecq darum, «sich in eine bestimmte Ahnenreihe politisch unkorrekter Denker einzuschreiben». Aber das stimmte so nicht. Denn Houellebecq hatte gar nicht gesagt, dass Dantec und Muray oder er selbst politisch nicht korrekt waren oder um jeden Preis sein wollten. Er hatte nur beschrieben, wie seine Person und der Erfolg seiner Bücher häufig als Angriff auf das gesehen wurden, was mit dem Ausdruck «politische Korrektheit» bezeichnet wurde. Er hatte sogar davon abgesehen, diesen Begriff weiter zu verwenden, und in den Ausführungen, die dann kamen, vom «Neuen Progressivismus» gesprochen. Zum politisch Nicht-Korrekten als einer Strategie des Schreibens hatte er sich jedenfalls nicht bekannt. Und das ist wichtig festzuhalten. Schließlich wäre dies eine bloße Umkehrung des politisch Korrekten und so gesehen auch nur eine Festlegung. Sich nicht festzulegen, darum ging es ihm aber, wenn er von der Missachtung der Regeln sprach und sich selbst viel zu pathetisch als «Befreier» feierte. Und das hieß auch: nicht berechenbar zu sein, in Interviews geäußerte Überzeugungen im nächsten Interview zu widerrufen, wenn es ihm gefiel. Es sei «schwierig», wenn Michel Houellebecq die Welt seines Werks mit der wirklichen Welt verwechsle und sich selbst mit einem Moralisten, hatte der Autor auf «Zeit online» geschrieben – und es im Grunde richtig formuliert. Denn «schwierig» sollte es und wollte er sein für all jene, die das Rätsel lösen und wissen wollten, wer dieser Michel Houellebecq eigentlich sei.

Dass er sich in bestimmten Momenten der Festlegung entzog, hieß natürlich nicht, dass er politisch gar nicht greifbar war. Aber ohne weiteres einem politischen Lager zuordnen ließ er sich eben nicht. «Das Missverständnis vom linken Michel Houellebecq», hat der Romanist Niklas Bender einen Artikel genannt, in dem er erwähnte, dass Houellebecq auch linken Denkern durchaus nahesteht. Etwa dem beim «Charlie Hebdo»-Attentat ermordeten Wirtschaftswissenschaftler Bernard Maris, mit dem er befreundet war und der ein Buch über ihn verfasst hat. Dass das Weltbild, das Houellebecqs Werk seit den Anfängen prägte, allerdings kein linkes sei, habe man bereits an seinem großen Essay über den amerikanischen Science-Fiction- und «Supernational Horror»-Autor H. P. Lovecraft (1890–1937) erkennen können, «Gegen die Welt, gegen das Leben», den er «eine Art ersten Roman» genannt hat.[21]

Doch warf Bender seine Behauptung, dass man Houellebecq zwar nicht auf «rechtsextreme» Inhalte festnageln könne, es aber klar sei, dass er vehement gegen links anschreibe, ziemlich salopp hin. Weder untersuchte er, was Maris und Houellebecq miteinander verband, noch folgte eine genaue Lektüre des Lovecraft-Buchs, das nicht einfach identifikatorisch angelegt war. Mit dem Werk und mit der Person Lovecrafts ergaben sich für Houellebecq Anknüpfungspunkte: Es ging um die Außenseiterposition, es ging um Lovecrafts Ablehnung der Psychoanalyse oder die Anerkennung von Wissenschaftsvokabular als poetisches Mittel. Andererseits setzte er sich deutlich von ihm ab, wenn er die Quellen von Lovecrafts Rassismus, dessen Bewunderung für Hitler und sein «reaktionäres» Wertesystem untersuchte: «Paradoxerweise ist die Person Lovecraft zum Teil deshalb faszinierend, weil sein Wertesystem dem unseren völlig entgegengesetzt ist. Von Grund auf Rassist, ganz offen ein Reaktionär, glorifiziert er die puritanische Verklemmtheit und hält ‹direkte erotische Bekundungen› offensichtlich für höchst abstoßend. Entschieden gegen den Kommerz eingestellt, verachtet er das Geld, hält die Demokratie für Schwachsinn und den Fortschritt für eine Illusion. Das Wort ‹Freiheit›, das den Amerikanern so teuer ist, entlockt ihm nur ein müdes Lächeln. Er bewahrt sein ganzes Leben lang die typisch aristokratische Haltung der Verachtung für die Menschheit im Allgemeinen, verbunden mit einer außergewöhnlichen Liebenswürdigkeit gegenüber den einzelnen Individuen.»[22]

Er persönlich, schrieb Houellebecq im Vorwort der 2017 auf Deutsch erschienenen Neuausgabe, sei Lovecraft in seiner Verabscheuung für jede Form von Realismus und in seiner hartnäckigen Ablehnung all dessen, was mit Geld oder Sex zu tun habe, «ganz bestimmt nicht gefolgt». Aber er habe vielleicht viele Jahre später von jenen Zeilen profitiert, in denen er ihn dafür lobte, «den Rahmen der traditionellen Erzählung gesprengt zu haben», indem er systematisch wissenschaftliche Ausdrücke und Begriffe benutze. Lovecrafts Schreibweise entfalte sich «nicht nur in der Übersteigerung und im Delirium»; mitunter gebe es bei ihm auch «eine Feinfühligkeit und leuchtende Tiefe, die außerordentlich selten» seien, schrieb er. Und hob in Lovecrafts Werk jenen Moment hervor, «in dem die extreme Schärfe der sinnlichen Wahrnehmung kurz davor ist, eine Umwälzung der philosophischen Wahrnehmung der Welt auszulösen».[23] Was die Frage aufwirft, ob der Einfluss Lovecrafts auf Houellebecq nicht in erster Linie als ein stilistischer gesehen werden muss und eben nicht als ein politischer.

Politisch wurde es aber bei Houellebecqs Freund Bernard Maris. In seinem Buch «Michel Houellebecq, Ökonom» hat dieser die Kritik des Schriftstellers am ökonomischen Liberalismus zum Schlüssel des Werks von Houellebecq erklärt: «Ausweitung der Kampfzone» handelte von Liberalismus und Wettbewerb, «Elementarteilchen» von der absoluten Herrschaft des Individualismus und des Konsumrauschs, «Plattform» vom Nützlichen und Nutzlosen sowie von Angebot und Nachfrage beim Sex, «Die Möglichkeit einer Insel» von der postkapitalistischen Gesellschaft, die das Phantasma der «endgültigen kids», die die Konsumenten seien, verwirklicht habe, nämlich das ewige Leben. Jeder einzelne Roman nehme den Refrain der anderen wieder auf: krankhafter Wettbewerb, freiwillige Knechtschaft, Angst, Lust, Einsamkeit, Fortschritt, und verweise dabei nicht zufällig auf die Schriften großer Ökonomen wie Schumpeter, Keynes, Marshall, Marx oder Malthus. Zu sehen, wie Michel Houellebecq das ökonomische Denken gleichzeitig nutze und zerstöre, das habe ihn, Maris, immer wieder aufs Neue in Erstaunen versetzt. Er erzähle vom Prozess der Individuation, von der Atomisierung der Gesellschaften, die schon Karl Marx fasziniert hätte. Er erzähle, wie die liberale Wirtschaft alles zerstöre, was kollektiv sei: die Arbeitsgruppe, die Familie, das Paar. In diesem Sinne sei auch die sexuelle Befreiung bei ihm Teil einer Explosion des Individualismus und habe, wie es in «Elementarteilchen» heißt, «die Zerstörung dieser letzten Gemeinschaftsformen zur Folge, der letzten Zwischenstufen, die das Individuum vom Markt trennten».[24]

«Wenn es eine Idee gibt, die all meine Romane durchzieht», hat Michel Houellebecq einmal gesagt, «dann ist es die Idee von der absoluten Unumkehrbarkeit von Verfallsprozessen, wenn sie einmal begonnen haben.» Ein Zurück aus der Welt des europäischen Verfalls gibt es für ihn nicht. Die zunehmende Unordnung betrifft die menschliche Spezies selbst, die mit ihrer Zivilisation den Prozess des Verfalls eingeleitet hat. Und sie betrifft natürlich den Kapitalismus. So handeln seine Romane «von einer Gesellschaft, deren Regeln und Lebensformen von ihren Subjekten nicht mehr aktiv getragen werden, weil sie für die einzelnen unerträglich geworden sind und weil dieselbe Gesellschaft das Leben ihrer Mitglieder nur noch als sinn- und ziellosen individualistischen Konkurrenzkampf aller gegen alle organisiert».[25] Diesen Zustand «a-sozialer Dekadenz» führt Houellebecq auf das Fehlen einer den liberalen Individualismus zähmenden kollektiven moralischen Instanz zurück. In seinem Gedicht «Letztes Bollwerk gegen den Liberalismus» schreibt er: «Wir müssen dafür kämpfen, die Ökonomie unter Aufsicht zu stellen und sie gewissen Kriterien zu unterwerfen, die ich als ‹ethische› bezeichnen würde.»[26]

Jule Govrin, Autorin des Buchs «Sex, Gott und Kapital – Houellebecqs *Unterwerfung* zwischen neoreaktionärer Rhetorik und postsäkularen Politiken», hat daraus die These abgeleitet, dass man in Houellebecqs Texten alte Instrumentarien linker Kapitalismuskritik erkennen könnte, wie etwa die Idee der Entfremdung, die dann aber gegen linke Politiken gewendet würden. Das, was Houellebecqs Romane freilegten, sei der Blick auf ein sozialdarwinistisches Gerangel, das die atomisierte Gesellschaft im spätkapitalistischen Frankreich plage. Und «schuld» an dieser Misere seien dann: «Sozialdemokrat_innen, arbeitende Frauen, Muslim_innen, linksliberale Bürgerliche, Deleuze, 1968, der Feminismus, die EU, *Libération*-Leserinnen, das Verbot der Prostitution, etc.»[27] Eine solche Interpretation funktioniert, wenn man die Aussagen der Figuren in den Romanen mit denen des Autors gleichsetzt, sie als politisches Statement des Schriftstellers Michel Houellebecq versteht. Sie funktioniert, wenn man alle Äußerungen von Romanfiguren, egal aus welcher Perspektive, von welchem Sprecher, wörtlich nimmt – und das heißt auch: Aspekte der Übertreibung, Satire, Ironie und übrigens auch des Humors komplett ausblendet. Auch wenn Houellebecqs Provokation darin besteht, öffentlich nach den Maßgaben seiner literarischen Figuren zu sprechen, heißt das nicht, dass man es ihm einfach gleichtun und jede fiktive Rede, wann immer es einem gefällt, dem Autor zuschreiben kann. Man kann den Spieß nicht einfach umdrehen. Houellebecqs Grenzüberschreitung fällt in den Bereich seiner künstlerischen Strategien, sie ist Teil seiner Performance. Als Leser geht es darum, jene Ebenen, die er mutwillig vermischt, soweit dies möglich ist, auseinanderzuhalten. Das ist die Herausforderung beim Lesen seiner Bücher. Dass *er* die Grenzen verwischen kann und seine Leser nicht – das ist Houellebecqs maliziöser Triumph und auch der Grund dafür, dass er sich sicher sein kann, dass seine Verunsicherungsaktionen exzellent funktionieren.

Und das tun sie. Als er im Mai 2017 im Fernsehstudio von France 2 in der Talkshow «Émission politique» saß, hielt es vermutlich die Mehrheit der Zuschauer für möglich, dass er eine Wahlempfehlung für Marine Le Pen abgeben könnte. Ein Jahr zuvor hatte Houellebecqs Übersetzer und eigentlich auch Freund Gavin Bowd ein Buch veröffentlicht, «Mémoires d'Outre-France», in dem er die Frage stellte, wie es dazu kommen konnte, dass Intellektuelle mit einst kommunistischen Affinitäten sich nun dem Front National annäherten. Er schilderte darin auch ein Abendessen, das im Januar 2013 bei Houellebecq zu Hause in Paris stattgefunden hatte. Es habe Meeresfrüchte gegeben, Lammragout, Absinth und Côtes du Rhône in großen Mengen. Houellebecq, von Marie-Pierre getrennt, sei in Begleitung einer jungen Literaturstudentin gewesen. Und habe angeblich irgendwann verkündet: «Ich werde ein Interview geben, in dem ich zum Bürgerkrieg aufrufe, um den Islam in Frankreich zu vernichten. Ich werde dazu aufrufen, Marine Le Pen zu wählen!»[28]

Das sprach sich schnell herum. Ob es richtig wiedergegeben war und, wenn ja, ob es ernst gemeint war, spielte in der Überlieferung keine Rolle: Man wisse nicht, ob der Schriftsteller Michel Houellebecq nach dem ersten Erfolg von Marine Le Pen bei den französischen Präsidentschaftswahlen «in Champagner gebadet» habe, schrieb Thomas Assheuer im April 2017 in der «Zeit» und erklärte den «politischen Intellektuellen» Houellebecq zum «Idioten», obwohl seine Zeitdiagnosen es «in sich» hätten. Man wisse nur, dass er aus seinen politischen Vorlieben kein Geheimnis mache. «Sein politisches Herz», so Assheuer, «schlägt rechts, weit rechts, und auf sein Wort dürfen Demokraten nicht hoffen.»[29]

Nun saß Michel Houellebecq in der Woche vor der entscheidenden Stichwahl neben der Moderatorin Léa Salamé und erzählte, wie er die letzten Monate des Präsidentschaftswahlkampfs mit zunehmendem Unbehagen und mit Scham verfolgt und wie spannend er diesen Wahlkampf gefunden habe, manchmal spannender als die dänische Fernsehserie «Borgen». Auch das Fernsehduell zwischen Emmanuel Macron und Marine Le Pen habe er sich angesehen, allerdings nicht bis zum Schluss: «Als sie anfingen, sich anzuschreien, bin ich eingeschlafen.» Er erklärte, dass diejenigen, die Le Pen wählten, für ihn zu einem Frankreich der Peripherie gehörten, zu der er den Kontakt verloren habe, von deren Wirklichkeiten er sich abgeschnitten fühle und über die zu schreiben ihm deshalb unmöglich sei. «In Paris existiert Le Pen nicht. Ich gehöre zur globalisierten Elite. Ich gehöre zu dem Frankreich, das Macron wählt, weil ich zu reich bin, um für Le Pen oder Mélenchon zu stimmen. Und da ich kein Erbe bin, gehöre ich auch nicht zur Klasse, die Fillon wählt.» Dass die Weltanschauung entscheidend sei für die Wahl, glaube er nicht. Entscheidend sei allein die soziale Klasse.

Trotzdem wollte er seine Stimme nicht abgeben. Beim ersten Wahlgang am 23. April sei er nicht hingegangen, und am Wahlsonntag werde er es auch nicht tun, sagte er. Er sei ein Anhänger der direkten Demokratie. «Ich wähle prinzipiell nur bei Volksabstimmungen», die Schweiz sei für ihn ein Vorbild. Er hatte Jean-Paul Sartre nie ernst genommen und trat als der bewusst nicht engagierte Schriftsteller Michel Houellebecq auf. Auf paradoxe Weise war er dem Engagement an diesem Abend aber so nah wie nie zuvor: Indem er erklärte, zumindest theoretisch zum Macron-Lager zu gehören, eröffnete er anderen die Möglichkeit, an diesem Sonntag für Emmanuel Macron zu stimmen, wie es der bekannteste Schriftsteller Frankreichs täte – wenn der zur Wahl ginge.

Die Anfeindungen, denen Michel Houellebecq sich seit dem Erfolg von «Plattform», seit den Klagen und den Gerichtsverhandlungen ausgesetzt sah, waren ihm nicht einfach nur egal. Die Anfeindungen gefielen ihm auch, weil sie sich kultivieren ließen – sogar sehr wirkungsvoll, und zwar am besten zusammen mit jemandem, der ebenfalls angefeindet wurde, nur aus völlig anderen Gründen. Der sich, wann immer er öffentlich das Wort ergriff, der Aufmerksamkeit aller sicher sein konnte und, wie Michel Houellebecq, von vielen kritisiert wurde. Die Rede ist von Bernard-Henri Lévy, in Frankreich kurz BHL genannt, der Philosoph und großbürgerliche Dandy mit dem aufgerissenen weißen Hemd, der, wo immer es in der Welt Krisen gibt, zur Stelle ist, als hätte man allein auf seinen Kommentar gewartet.

Es passierte im Winter 2007. Bernard-Henri Lévy, so erzählt er es selbst, saß bei sich zu Hause in Paris am Schreibtisch, als er eine SMS bekam: «Ich habe beschlossen, mich heute Abend umzubringen», darunter der Name Michel Houellebecq. BHL sah sich gezwungen zu antworten, obwohl er den Autor kaum kannte. Sie waren sich ein paar Mal begegnet und hatten über die Existenz des Schriftstellers und über die Frage diskutiert, ob man es als Schriftsteller wagen sollte, Filme zu machen. Mehr nicht. Nichts jedenfalls, was eine solch intime Nachricht rechtfertigte. Es konnte ein Scherz sein, eine Provokation, eine Nachricht von jemand anderem, gar nicht von Houellebecq selbst – aber BHL beschloss, sie dennoch ernst zu nehmen. «Warten Sie», antwortete er der unbekannten Nummer, «bringen Sie sich nicht sofort um, ich lade Sie vorher im Hôtel Ritz zum Abendessen ein.»[30]

Als er dort eintraf, war sein zukünftiger Freund schon da. Er hatte zu viel getrunken, starrte traurig vor sich hin.

Er hatte seinen berühmten *Camel-Legend*-Parka ange-
lassen und saß inmitten der uniformierten Kellner, die
ihn nicht erkannten, denen er aber trotzdem Respekt
einflößte. Die Unterhaltung, so wie der Philosoph sie
beschreibt, begann misstrauisch und vorsichtig mit dem
Austausch einiger Allgemeinheiten, mit denen beide das
Territorium abzustecken versuchten: die Unabhängigkeit
und das Gift der Kunst; die Feststellung, dass es zu viele
Schriftsteller und zu viele Bücher gebe; dass man bei den
meisten Schriftstellern denke, sie könnten auch etwas
anderes machen, Trompete spielen zum Beispiel, singen
oder Autorenfilme drehen; und dass man unangenehmer-
weise oft zugeben müsse, dass das, was sie dann schreiben,
gar nicht so schlecht sei. Sie redeten kurz über Schopenhauer, kamen auf Huysmans – und erst dann sprach Bernard-Henri Lévy *das* Thema an: «Selbstmord, wirklich?» –
«Aber ja, aber ja.» – «Gibt es einen besonderen Grund?
Kummer?» – «Viele. Meine Frau, die mich nicht mehr liebt.
Mein Hund, Clément, dem es nicht gut geht. Und dann
diese Welt ohne Eigenschaften, in der es niemanden gibt,
mit dem man reden kann.»

BHL fühlte sich an diesem Abend auch nicht besonders, auch er hatte gerade eine Menge Ärger gehabt,
stellte aber fest, dass es ihm eindeutig besser ging als dem
sarkastischen und dunklen Dandy, den er vor sich hatte,
mit seinen langsamen Gesten betonter Ungeschicklich-
keit, ohne Appetit, der lange die Speisekarte betrachtete,
um am Ende einen Joghurt zu bestellen. «Ich kenne Ihre
Frau nicht», antwortete er ihm, «und Hunde waren nie

mein Ding. Aber «niemand, mit dem man reden kann»,
da kann ich Ihnen helfen.» Und schon kam er mit einer
Buchidee um die Ecke: «Wie wäre es, wenn wir den Ge-
genbeweis liefern und zusammen ein Buch in Dialogform
machen?» Sie beschlossen, eine E-Mail-Korrespondenz
zu führen, riefen François Samuelson an, Houellebecqs
Agent und Bernard-Henri Lévys Freund, und, am Ende des
Dinners, Teresa Cremisi und Olivier Nora, ihre Verleger.
Eine Idee war geboren: «Ennemis publics», «Volksfeinde».
Ein «Buch wie ein Komplott, wie eine Geheimaktion, ein
Staatsstreich» – so der Philosoph schwärmerisch. Das
Buch wurde nur unter dem Namen Houellebecqs angekündigt, sein Gesprächspartner bis zum Erscheinen geheim gehalten. Zur Freude von BHL, denn in Paris wurde
lebhaft spekuliert, wer dieser Gesprächspartner bloß sein
könnte.

«Warum so viel Hass?», fragt Michel Houellebecq
seinen Briefpartner am 2. Februar 2008. «Oder präziser:
Warum wir? Selbst wenn man zugeben muss, dass wir es
darauf angelegt haben, bleibt zu verstehen, warum es uns
so gut gelungen ist.» Er schlägt Lévy vor, im Briefwechsel, den sie ein halbes Jahr lang miteinander führen würden, das Programm einer «Literatur des Geständnisses» zu
verfolgen, erinnert an Schopenhauer, der erstaunt festgestellt habe, dass es in Briefen relativ schwierig sei, zu lügen.
«Eine Literatur des Geständnisses müsste wie gute Spiona-
geromane sein (von denen es wenige gibt) oder wie Poli-
zeiromane, in denen mit jeder Enthüllung immer nur eine
weitere geheimnisvolle Schicht dazukommt; in denen die

«Volksfeinde»: Michel Houellebecq mit
Bernard-Henri Lévy im Oktober 2008.

gesammelten Informationen auf dem Höhepunkt zu einer allgemeinen Ratlosigkeit führen, bis das umfassende Mysterium die gesamte Erzählung überschwemmt.»

So geht es in diesem Briefwechsel nicht um das Geständnis um seiner selbst willen, nicht um die Illusion einer nackten Wahrheit, mit der der eine dem anderen mitteilte, wie er wirklich sei. Vielmehr dient jede Selbstaussage, jede Enthüllung dazu, den gemeinsamen Dialog voranzubringen, zu immer neuen Fragestellungen und Antworten zu gelangen. Dissimulation, Scham, Verstellung, darin sind sich beide einig, halten nur auf: «Glauben Sie mir aufs Wort», ermahnt Bernard-Henri Lévy Houellebecq, als dieser Lévys Worte anzweifelt, «wir sparen viel Zeit.» Der Briefwechsel der beiden Schriftsteller, die unterschiedlicher nicht sein könnten, die von der Herkunft bis hin zur Lebensführung eigentlich alles trennt (bis auf ihre Eitelkeit und die Anfeindungen von Seiten der Öffentlichkeit), ist auf diese Weise kein Gespräch unter Freunden, die einander am Leben teilhaben lassen wollen. Es ist eine essayistische Annäherung zweier Bekannter, die sich Respekt entgegenbringen, dabei aber keine Hemmungen haben, einander aufs Heftigste zu widersprechen. «Warum haben Sie sich entschieden, ein engagierter Intellektueller zu sein?», fragt Houellebecq, der diese Option für sich völlig ausschließt. Er müsse sich für andere verantwortlich fühlen, um zu existieren, antwortet Lévy, und, ja, er sei engagiert auch aus «Abenteuerlust», er sei auf der Suche nach «Unrecht, das bekämpft werden muss». Houellebecq nennt seine Zurückhaltung «ideologische Bescheidenheit», er habe das Gefühl, nicht wirklich «Staatsbürger», sondern allenfalls ein «Nutzer» des Staates zu sein.[31]

Zur Zeit der Veröffentlichung dieses Briefwechsels war Michel Houellebecq längst auf dem Weg zur Kunstfigur Houellebecq. Seine Auftritte wurden zur Performance – und das lag wesentlich daran, dass in der Selbstinszenierung sein Körper eine immer größere Rolle zu spielen begann. Dieser Körper war zur Imagebildung immer wichtig gewesen. Nur legte Houellebecq im Laufe der Jahre zunehmend Wert darauf, zu jenen zu gehören, die nicht in den üblichen Rahmen passten. Darin trieb er seine Medienwirksamkeit als Antityp der Medienwirksamkeit auf die Spitze. Und machte sich selbst zu einer Kunstfigur, die den Eindruck erweckte, er selbst würde die Rolle des Schriftstellers Michel Houellebecq (mit all den etablierten und klischeehaften Zuschreibungen) bloß spielen. So jedenfalls ließ sich sein Auftritt in «Die Entführung des Michel Houellebecq» verstehen, einem Spielfilm des französischen Regisseurs Guillaume Nicloux, mit Michel Houellebecq in der Rolle des Michel Houellebecq. Im September 2011 war es wohl tatsächlich so, dass Houellebecq, der sich mit seinem Roman «Karte und Gebiet» auf Lesereise befand, plötzlich verschwunden war, unauffindbar. Keiner wusste, wo er war. Houellebecqs Freund, Guillaume Nicloux, behauptete, die Wahrheit zu kennen, und drehte seinen Film über die Tage des Verschwindens: «L'enlèvement de Michel Houellebecq».

Ein Witz, eine Komödie, dachte man. Und es sah auch so aus, wenn zu Beginn des Films der Schriftsteller in seiner Wohnung zu sehen war, dünn, müde, schlaff – und kurz darauf Bilder muskulöser Bodybuilder-Typen, die im Fitnessstudio zu ihren Übungen Gedichte aufsagten. Die Muskeltypen waren es, die Houellebecq wenig später auf dem Heimweg mit einer sargähnlichen grünen Kiste folgten, ihn knebelten, in die Kiste legten und in ein Haus nahe eines Schrottplatzes transportierten, das den Eltern eines der Entführer gehörte, eine Stunde von Paris entfernt. Da saß Houellebecq nun, festgekettet zwischen Blümchentapeten, las die wenigen Romane, die im Haus waren, führte poetologische Gespräche mit den Entführern, ließ sich im Bodybuilding unterrichten und bekam zum Geburtstag eine Nacht mit Fatima, der Dorf-Prostituierten. François Hollande, der damalige Präsident, werde das Lösegeld bezahlen, behaupteten die Entführer – was Houellebecq ihnen allerdings nicht glaubte.

Wenn man den Gleichmut sah, mit dem Houellebecq als «Houellebecq» auf die Entführung reagierte; wenn man beobachtete, wie er, unbeholfen im eigenen Körper, die Ausnahmesituation als Normalität zu nehmen versuchte und es nur vier Dinge waren, die ihm gefielen (Rauchen, Trinken, Schreiben, Frauen) – dann war das Überraschendste daran, dass man diesen ganzen irren Film lang nicht aufhörte, für möglich zu halten, dass es genau so gewesen war, und auf diese Weise merkte, wie in der eigenen Wahrnehmung der reale Houellebecq mit dem Bild, das man von ihm hatte, unauflöslich verschmolzen war.

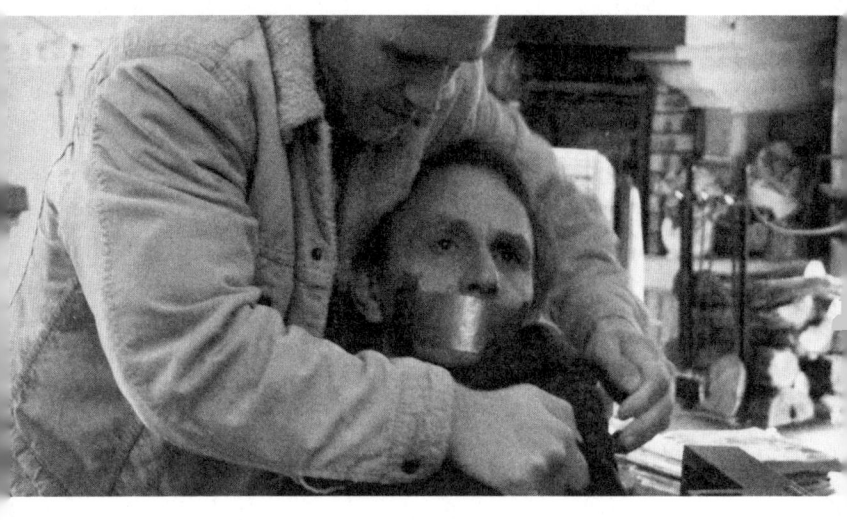

In Guillaume Nicloux' Film «Die Entführung des Michel Houellebecq» (2014)
präsentierte sich Michel Houellebecq als Kunstfigur «Houellebecq».

Zusammen mit Nicloux präsentierte uns Michel Houellebecq die Kunstfigur «Houellebecq». Einen anderen – darin
bestand die eigentliche Entführung – gab es hier gar nicht
mehr.

Körperlich hatte Houellebecq als «Houellebecq» im
Film nicht gerade einen guten Eindruck gemacht. In
einem Interview, das er zusammen mit dem Regisseur
gab, sah das nicht anders aus – sondern sogar noch krasser: Am Beispiel einiger Filmszenen, die Houellebecq
beim Autofahren zeigten, redeten Nicloux und Houellebecq mit dem Interviewer über «Vitesse». «Vitesse steht
im Französischen für Geschwindigkeit, Tempo, aber auch
die jugendliche Kraft, mit der man die Dinge der Welt und
des Lebens angeht. Houellebecqs Haare sind etwas länger und noch strähniger geworden. Seine sowieso schon
schmal-bewegungslose Oberlippe ist fast ganz erstarrt,
die Backen sind eingefallen, und natürlich raucht er irgendwann auf seine Art, mit der Zigarette in die Mitte
der vier Finger geklemmt. Geistig ist er unter der müde-
zurückhaltend gehaltenen Fassade seines Gesichtsaus-
drucks wie immer im Fernsehen hellwach. Und doch
stimmt hier was nicht, fällt etwas komplett aus dem
Rahmen und wirkt nachhaltig deplatziert. Und das ist
schlicht der Körper von Houellebecq. Ein Körper, der weder die Geschwindigkeit des Autos mitmacht noch die
Aufbruchsstimmung, die der jung wirkende Interviewer
mit dem Vier- oder Fünftagebart, dem schicken Jackett
und dem offenen weißen Hemd wie jeder Fernsehinter-
viewer verbreitet. Dieser Körper von Houellebecq fällt

einfach unter dem spezifischen Gewicht von Wasser und Knochen immer tiefer. Dieser Körper ist schlicht von seiner Last nicht mehr zu unterscheiden. Dieser Körper wird von seinem Zerfall, von seinem Fallgesetz, weder durch strotzende Gesundheit noch durch Sport und ausgekostetes Vergnügen je erlöst werden.»[32]

Auch weil Houellebecq kaum eine Talkshoweinladung ausschlug, konnte man den «(Nieder-)Gang seiner Bewegungen und seines Körpers in einer fast schon natürlich zu nennenden Weise verfolgen». Wobei man in Frankreich Erfahrungen im Umgang mit den derangierten Körpern von Intellektuellen hat: Im Interview mit Nicloux gab es einen Moment, in dem Houellebecq sich von seinen Gesprächspartnern abwandte und verstohlen aus seiner Wasserflasche trank. Da sah er fast aus wie Antonin Artaud auf späten Fotos, das Gesicht tief gezeichnet von Psychiatrie, Elektroschocks und dem langen Wahn, den Medikamente eher verschlimmert als verbessert hatten. Und Houellebecqs vom Nikotin vergilbte Finger erinnerten manchmal an die Hände von Gilles Deleuze im mehr als siebenstündigen Fernsehfilm «Das ABC des Gilles Deleuze».[33] Der Effekt war gut: Je abgewetzter die Jacke, je speckiger der Rucksack, je eingefallener der Mund, je weggedämmerter der Blick, desto kostbarer jede Erinnerung an Kultur, wenn Michel Houellebecq dann doch das Wort ergriff und, wie immer zögerlich, aber druckreif, sprach – wie Gerhard Mack es anlässlich der Eröffnung der von dem Künstler Christian Jankowski kuratierten «Manifesta 11» im Juli 2016 in Zürich geschildert hat.

Jankowski hatte für die «Manifesta» jeweils einen Künstler mit einem Vertreter eines «normalen» Berufs zusammengebracht. Houellebecq war in diesem Rahmen mit einem Arzt aufgetreten, der den Körper des Schriftstellers vollständig durchcheckte. Das künstlerische Ergebnis waren dann die jeweiligen Diagnosen und ihre genau aufgelisteten Kosten. Und die Überraschung war, dass der Kettenraucher Houellebecq selbst auf der Lunge vollkommen gesund und das Röntgenbild des Organs ausgestellt zu besichtigen war. Das alles bildete dann wieder einen schönen Kontrast zu dem Bild des Verfalls, das Houellebecq über die Jahre hinweg durch seine öffentlichen Auftritte in Talkshows und im Film von seinem Körper geboten hatte.[34] Gerade hatten sich alle an den scheinbar zahnlosen Clochard gewöhnt, da triumphierte ebendieser mit guter Gesundheit – und erschien zu seiner Dankesrede beim Schirrmacher-Preis, gegenläufig zu seiner Rede, im Intellektuellen-Look: dunkles Sakko, halbe Brille, Haare frisiert – und Zähne drin.

Auch in der in Paris im «Palais de Tokyo» gezeigten großen Houellebecq-Ausstellung war eines dieser Körper-Bilder zu sehen, eine Aufnahme seines durchleuchteten Schädels. «Rester vivant», «Lebendig bleiben» hieß in Anlehnung an seinen gleichnamigen frühen Text die vom Schriftsteller in allen Einzelheiten konzipierte Selbstdarstellung: Achtzehn Säle auf zweitausend Quadratmetern mit Fotografien, Installationen, Filmauszügen, Zitaten und künstlerischen Gastbeiträgen in der labyrinthischen Anordnung meist schwarzer Räume (samt Raucher-Lounge), die Houellebecq in all seinen Facetten zeigten. «Lebendig bleiben» – das schien auch das Programm der Kunstfigur «Michel Houellebecq» zu sein, der Houellebecq hier ein stolzes Denkmal setzte. Er habe bei der Konzeption der Ausstellung die gleiche Methode wie bei seinen Büchern benutzt, hat er im Interview mit dem «Spiegel» gesagt: «Ich zeige Hässliches und Düsteres, Schockbilder, Trugbilder, das Bedrückende der Realität, das Bedrohliche als unbestreitbare Wirklichkeit, Kontraste und Widersprüche, oft mit ironischen, ätzenden Kommentaren aus meinen Werken versehen. Ich will die Nerven der Besucher nicht schonen. (...) Die Ausstellung nimmt den Zuschauer mit auf eine Reise ins Innere meines Gehirns. Sie führt durch die Kammern meiner Fantasie: der zivilisatorische Verfall und der industrielle Niedergang. Das Wuchern der Städte. Nur manchmal trügerische Idylle und Natur. Die Fluchtwelten des Massentourismus. Die Zerbrechlichkeit und Vergänglichkeit der menschlichen Dinge.» Die kalte Beschreibung oder die unparteiische Darstellung der Wirklichkeit enthalte dabei bereits die Kritik an ihr. So werde aus Dokumentation Kunst. Niemand solle bei der Betrachtung oder der Lektüre einschlafen. «Ich will die Leute aus ihrer Komfortzone herausholen. Sie gewöhnen sich ja an alles, sogar an das Bleiernde und Niederdrückende. Also verpasse ich ihnen einen Stoß, der möglichst unerwartet kommt.»[35]

Den anderen den möglichst unerwarteten Stoß zu verpassen, ohne sich selbst dabei wirklich zu erkennen zu geben – darauf hat Houellebecq sich in all den Jahren spezialisiert. Wobei es eine Passage in «Gegen die Welt, gegen das Leben» gibt, dem Text über Lovecraft, die wahrscheinlich dann doch identifikatorisch verstanden werden kann: Was «besonders herrlich» sei, schreibt er da, sei, dass alle Versuche der Entmythisierung Lovecrafts gescheitert seien: «Keiner ‹strengen› Biographie ist es gelungen, die Aura erschütternder Fremdartigkeit aufzulösen, die seine Person umgibt. Und Sprague de Camp muss am Ende von fünfhundert Seiten gestehen: ‹Ich habe immer noch nicht richtig verstanden, wer H. P. Lovecraft eigentlich war.›»[36] Genau diesen Effekt schien Houellebecq erreichen zu wollen: Die Menschen sollen sich mit ihm und seinem Werk beschäftigen. Aber am Ende sollen sie den Eindruck haben, immer noch nicht richtig zu verstehen, wer dieser Michel Houellebecq eigentlich ist.

Der Romantiker

Einen besseren Drehort hätte er sich für seinen Film nicht aussuchen können, eine Touristenhölle, manche würden sagen: ein Paradies. Busse karren die Urlauber vom Flughafen in Alicante durch den kargen südspanischen Sommer nach Benidorm, das aus nichts anderem als Betontürmen besteht, alle direkt am Meer; ein Ort, der als ökologisch angepriesen wird, weil er auf engstem Raum die größtmögliche Zahl an Feriengästen unterbringt. Die Menschen hier brauchen nicht viel Platz. Sie lassen sich stapeln – und prügeln sich abends in Kellergeschossen an Riesenbuffets um Unmengen von Würstchen, Erbsen und fettigen Pommes. Am Ende des Urlaubs kommen sie noch fetter nach Hause. Denn das sind die meisten Gäste hier: alt und dick.

Am Rand der Steinwüste steht, alles andere überragend, das «Gran Hotel Bali». Und wer im Mai 2007 von der Dachterrasse im 48. Stock hinunterblickte auf die Poollandschaft der Hotelanlage, der sah dort, winzig klein, in einem gelben Hemd, Michel Houellebecq neben einer Filmkamera. Ein leuchtender Punkt auf blau-weißem Grund, der sich wenig bewegte. Nur manchmal wanderte dieser gelbe Fleck auf jemanden am Pool zu, verschwand dann aber schnell wieder zwischen Kabeln in der Nähe der Kamera. Nicht erkennen konnte man von oben, dass er dabei glücklich aussah. Für seine Verhältnisse sogar sehr glücklich.

Michel Houellebecq hat in der Umgebung von Alicante seinen Roman «Die Möglichkeit einer Insel» verfilmt. Er schrieb das Drehbuch, führte Regie, und manchmal schaute er auch selber durch die Kamera, für die eigentlich Jeanne Lapoirie zuständig war. Es war eine französisch-spanisch-deutsche Koproduktion und zugleich ein persönlicher Film, bei dem ein paar von Houellebecqs Freunden als Statisten mitspielten: Gavin Bowd, sein Übersetzer aus Schottland, hatte nach wenigen Spanientagen einen solchen Sonnenbrand, dass sein Gesicht fast so rot war wie das «Manchester United»-Trikot, das er im Film trug. Er spielte «un homme paradoxalement heureux», «einen auf widersprüchliche Weise glücklichen Mann». Und Antonio Muñoz Ballesta, Philosoph an der Universität in Murcia, dem der Roman gewidmet ist, saß vor der Kamera in der Rolle des Jurors eines Bikini-Wettbewerbs. Mit Hut und Sonnenbrille starrte er apathisch immer nur ins Leere.

Bei der Auswahl der übrigen Statisten hatte sich wohl schon lange keine Casting-Agentin so austoben können wie für «Die Möglichkeit einer Insel». Dies nämlich war das Erstaunliche in Benidorm: Man verlor den Blick dafür, wer als Feriengast zum Hotel und wer zum Filmteam gehörte. Das Muskelpaket, das sich seit Stunden auf dem Liegestuhl rekelte, stand plötzlich auf und entpuppte sich

ichel Houellebecq im Mai 2007 als Regisseur
i den Dreharbeiten zu «Die Möglichkeit einer
sel» im spanischen Benidorm.

als Mitglied der Crew; und die alte Dame, die sich in engen rot-goldenen Leggings in der Lobby ausruhte, wurde im nächsten Moment von der Stylistin gepudert. So verschwammen Wirklichkeit und Fiktion zu einem schrecklich-schönen Houellebecq-Kosmos.

Michel Houellebecqs Roman «Die Möglichkeit einer Insel» spielt in der Zukunft. Der Mensch hat sich abgeschafft. Nur der Neo-Mensch hat überlebt: geklont, unsterblich, gefühlsarm und vor allem ratlos, weil ihm Lebensgeschichten aus dem 21. Jahrhundert überliefert sind, lauter archivierte Autobiographien, die er verwundert zur Kenntnis nimmt, mit denen er aber wenig anfangen kann. Das klingt zunächst nach Science-Fiction. Doch hat Michel Houellebecq kein Buch geschrieben, in dessen Welt nur Klone und Roboter unterwegs wären. Er macht etwas anderes: Er stellt durch den Blick aus der Zukunft größtmögliche Distanz her, eine Art Menschenferne. Er erfindet eine Figur namens Daniel24, einen Klon der vierundzwanzigsten Generation, der den Bericht seines genetischen Prototyps Daniel1 liest und ihn bestaunt wie ein Tier im Zoo.

Schriftsteller wie Ernst Jünger haben Käfer aufgespießt, um ihre schillernden Farben unter Glas besser betrachten zu können. Michel Houellebecq spießt den Menschen auf. Teilnahmslos lässt er den Neo-Menschen zurückblicken und sich fragen, was da eigentlich los war. Und weil man, anders als Daniel24, beim Lesen durchaus menschliche Regungen hat, teilnahmslos also nicht sein kann, ist man erschüttert. Die Frage ist berechtigt: Was ist hier eigentlich los?

Er habe, hat der Schriftsteller Rainald Goetz geschrieben, als «Die Möglichkeit einer Insel» 2005 in der deutschen Übersetzung erschien, die Kommentare der Klonnachfolger von Daniel anfangs kaum zur Kenntnis nehmen wollen: «Alle paar Seiten unterbrechen sie die Erzählung der Lebensgeschichte von Daniel, nerven mit futuristisch religiösem Vokabular, technoidem Spinnkram und uninteressanten eigenen Minimalerlebnissen.» Sie seien aber vergleichsweise kurz, und so merke man bald, dass sie vor allem auch eine erzähltechnisch rhythmisierende Funktion haben. «Es macht den chronologisch gerade durcherzählten Lebensbericht besser lesbar und nachvollziehbarer, wenn er immer wieder unterbrochen und so, rein äußerlich, zu kleinen, szenisch kompakten Geschehniseinheiten zusammengestaucht wird.» Der Vorgängerroman «Plattform», so Goetz, habe mit der ununterbrochenen Geradlinigkeit der Erzählung experimentiert, auch um die komplizierte zeitverschachtelte Struktur der «Elementarteilchen» zu überbieten. Was sich aber allzu widerstandslos lese, könne man nicht so gut behalten. In «Die Möglichkeit einer Insel» sei es gerade «das regelmäßig eingespielte Störgeräusch der futuristischen Nebenerzählung, das die eigentliche Gegenwartsgeschichte von Daniels Leben umso deutlicher zur Wirkung» bringe.[1]

«Die Möglichkeit einer Insel» ist ein Roman über die panische Angst vor dem Altwerden. Daniel1 arbeitet als

Fernsehkomiker, seitdem er während eines Türkeiurlaubs sein Unterhaltungstalent entdeckte: Inspiriert von einem Zwischenfall am Buffet, hatte er beim Abendprogramm des All-inclusive-Ferienclubs einen Sketch über eine blutige Hotelrevolte aufgeführt, die durch die Würstchenknappheit beim Frühstück und den Aufpreis für das Benutzen der Minigolfanlage ausgelöst wurde. Die Leute hatten Tränen gelacht. Im Anschluss an die Show war eine hübsche Brünette zu ihm gekommen, die mit ihm schlafen wollte, weil sie Männer mit Humor schätzte. Und so hatte er seine Berufung gefunden, war reich und berühmt geworden, leistete sich teure Autos und lernte Isabelle kennen, Chefredakteurin der Frauenzeitschrift «Lolita», ausnehmend schön und intelligent.

Isabelle jedoch hat in ihrem «Lolita»-Kosmos sehr bald ein Problem: Sie ist um die vierzig, während die Models, die zum Fotoshooting tagtäglich ein- und ausgehen, kaum älter als sechzehn sind, also jung und unverbraucht. «Es ist normal, dass die Leute Angst vorm Alter haben, vor allem Frauen, das war schon immer so, aber jetzt ... Das übertrifft die wildesten Vorstellungen», berichtet sie Daniel1 aus dem Büro. Doch schützt sie das nicht. Irgendwann beginnt sie, sich lieber im Dunkeln auszuziehen und auch beim Sex das Licht zu löschen, wird depressiv, kündigt den Job, nimmt zu. Erst haben sie weniger Sex, bald gar nicht mehr. Dann ist es aus.

«Es war mir nicht mehr möglich, ihr immer wieder zu sagen, dass sie noch genauso begehrenswert und schön sei wie eh und je», protokolliert Daniel1 in seinem Lebensbericht. «Noch nie hatte ich mich so unfähig gefühlt, sie auch nur im Geringsten anzulügen. Ich wusste, welchen Blick sie anschließend haben würde: Es war der traurige, demütige Blick eines kranken Tiers, das sich ein paar Schritte von der Menge zurückzieht, den Kopf auf die Pfoten legt und leise winselt, weil es weiß, dass es geschwächt ist und von seinen Artgenossen kein Mitleid erwarten kann.» Daniel24, der Neo-Mensch, nimmt das alles aufmerksam zur Kenntnis.

Was er über die Zeitschrift «Lolita» erzähle, hat Michel Houellebecq in einem Interview mit der Tageszeitung «Le Monde» gesagt, spiele bereits in der nahen Zukunft. Das kenne man so drastisch nicht, sei also keine Realität. «Die Möglichkeit einer Insel» entwirft das, was bei H. G. Wells «The Shape of Things to Come» heißt: die Gestalt der zukünftigen Dinge – wobei der vom Defätismus gepackte Houellebecq, wie schon in seinen früheren Romanen, auch diesmal wieder viel Nietzsche und viel Schopenhauer hineinmixt, sogar noch mehr als sonst. Drohend und düster drückt der Roman schwer auf die Seele: Die Alten werden zum Abschaum werden, legt er uns nahe. Das Alter wird sich seiner selbst entledigen in einer Welt, in der nur glücklich sein kann, wer jung ist. Oder, wie Daniel24 es aus der Zeitenferne mit ethnologischem Forscherblick völlig wertfrei konstatiert: «In den Jahren, die dem Verschwinden der Menschheit vorausgingen, war das Altern so unerträglich geworden, dass die Rate derer, die sich das Leben nahmen, fast hundert Prozent erreichte.» Der Roman spart nicht an Toten.

Noch bevor das Buch in Frankreich erschien, war im «Figaro» der erste Verriss zu lesen: «Ein Houellebecq, der vom Lastwagen fiel», hieß eine Polemik von Angelo Rinaldi von der Académie française, der allen Ernstes behauptete, das Buch fettverschmiert auf einer Parkbank gefunden zu haben. Vermutlich sei es von einem Lieferwagen gefallen, jemand habe es aufgehoben, dann wieder liegen lassen. Am Rande habe in krakeliger Schrift gestanden: «Was solln das Gewäsch? Hab nix kapiert.» Neben dem Verriss im «Figaro» stand eine Polemik des Verlegers Éric Naulleau, der die Machenschaften der Literaturmafia zu entlarven vorgab: manipulierte Medienauftritte, korrupte Autoren, gekaufte Literaturpreise; der wie Rinaldi aber vor allem beleidigt zu sein schien, weil er nicht zu den Ersten gehörte, die vom Verlag ein Vorabexemplar erhalten hatten. Anders Philippe Sollers, er hatte das Buch im Boulevardblatt «Le Journal du Dimanche» begeistert angekündigt und gute Sexszenen versprochen. Rinaldi schrieb: «Der Rückgriff auf Science-Fiction ist bei einem Romancier bereits ein Zeichen des Scheiterns. (…) Etwas Armseligeres, Ärmlicheres und zugleich Unverständlicheres kann man sich kaum denken.» So war mit dem neuen Houellebecq auch gleich wieder ein neuer Literaturbetriebsskandal da.

Die Empörung galt aber auch der Darstellung der Frauenfiguren: Er mähe die schönen Frauen, wie gehabt, beizeiten nieder und quatsche traurig weiter, schrieb Iris Radisch in der «Zeit». Andere nannten Houellebecq einen «Gott des kitsch dépressif», dem es nur um

«Tabubruch» und «Provokation» gehe. Dabei war Provokation hier gar nicht der Punkt. «Für eine Frau ist es manchmal ziemlich schrecklich, Houellebecq zu lesen», hat die französische Schriftstellerin Yasmina Reza in einem Interview gesagt. «Ich erinnere mich an seine Beschreibungen der alternden Frau, deren Vagina wie der Hals eines Huhns aussieht. Ich habe gelacht und gedacht: ‹Dreckskerl!› Aber es ist seine schriftstellerische Freiheit, er muss nichts mit Handschuhen anfassen. Und ich sehe keine Provokation: Man merkt, dass es sehr viel tiefere Gefühle sind, die die Grausamkeit dieses Blicks hervorrufen.»[2]

Houellebecqs Stilmittel sind in «Die Möglichkeit einer Insel» die der Übertreibung, Verschärfung, Radikalisierung. Er phantasiert das, was er vorfindet, fort, ohne dabei einen möglichen Ausweg zu suchen. Denn für Michel Houellebecq gibt es keinen Ausweg: Unaufhaltsam ist der Mensch dabei, sich selbst abzuschaffen, und die Klonsekten, die den Kult der Jugend zelebrieren und am ewigen Leben herumlaborieren, sind die überfüllten Kirchen von morgen. Das ist bitter. Doch ist es nicht mit Verbitterung geschrieben, sondern – zum einen – mit Humor: Sein «materialistischer Fundamentalpessimismus» werde in einer «comichaft überzeichneten Heiterkeitserzählweise präsentiert», schreibt Goetz. Zum anderen spricht aus dem ganzen Buch eine große Sehnsucht: «Die Möglichkeit einer Insel» ist der Roman, in dem sich Michel Houellebecq am deutlichsten als Romantiker zu erkennen gibt.

Das deutete sich in «Elementarteilchen» bereits an – allerdings sehr versteckt: Da wuchsen die Protagonisten Bruno und Michel zu den «einsamsten Figuren des Universums» heran. Vor allen Ereignissen im Roman stehen negative Vorzeichen. Nur an zwei Stellen scheinen sie kurz zu verschwinden. In beiden Fällen begegnen die bereits in die Jahre gekommenen Helden dem Unerwarteten: Frauen, mit denen sie hätten leben können. Plötzlich ändert sich der Ton. Über einige Seiten hinweg erinnert der Roman an eine elegische Novelle. «Inseln» im Roman hat der damalige Literaturchef der «Frankfurter Allgemeinen Zeitung», Thomas Steinfeld, diese Stellen so treffend genannt, zu einem Zeitpunkt, als «Die Möglichkeit einer Insel» noch gar nicht geschrieben worden war: «Zwei Inseln liegen im Roman, und auf ihnen wird die Rückseite des Pamphlets gezeigt: die Idylle, der Ort jenseits des Marktes.»[3] In «Plattform» beschwor Houellebecq mit der Figur der Valérie dann die ganz große, unendliche Liebe: «Ohne Liebe kann nichts geheiligt werden», heißt es an einer Stelle unvermittelt im Roman. Valérie ist mit Abstand die «größte Heldin»[4] im Werk Houellebecqs – die am Ende allerdings in Michels Armen verblutet.

In «Die Möglichkeit einer Insel» dann läuft alles auf die romantische Sehnsucht hinaus. Nach der Trennung von Isabelle lernt Daniel1 die zweiundzwanzigjährige Esther kennen, Philosophiestudentin und an Sex ausgesprochen interessiert. Das ist toll und aufregend – bis Esther ihn zu alt findet und sich lieber mit jungen Männern zu vergnügen beginnt. Nach dem Bruch fährt Daniel nach Biarritz, wo Isabelle lebt, und zieht wieder bei ihr ein, aber es funktioniert nicht. Sie trennen sich ein zweites Mal. Isabelle nimmt sich das Leben, Daniel erbt ihren Hund. Er erkennt – man hat die «Inseln» aus «Elementarteilchen» vor Augen –, zwei Frauen geliebt zu haben, von denen die eine nichts für Lust, die andere nichts für Liebe übrig gehabt hatte. Beides zusammen wäre Leben gewesen. Doch ist es dafür zu spät. Daniel1 schreibt seinen Lebensbericht und bereitet sich auf seinen Selbstmord vor. Im Kommentar von Daniel25, dem Klon der auf Daniel24 folgenden Generation, der den überlieferten Bericht liest, wird er mit einem Mal verschwinden.

Die Möglichkeit einer Insel gibt es also nicht. Den Neo-Menschen von übermorgen bleibt in der Überlieferung die Ahnung einer verlockenden Idee: Auf der Suche nach Marie23 stolpert Daniel25 am Ende durch eine techno-romantische Ruinenszenerie, die an die Industrielandschaften in Andrej Tarkowskis Film «Stalker» erinnert. So ist der Roman wie ein großer Seufzer – und die Tragik von Michel Houellebecq auch die, dass er sich bereits in der Welt von heute wie ein Mensch von gestern fühlt. Er halte Michel Houellebecq für einen großen Komiker, hat Iggy Pop, der sich bei seinem Album «Préliminaires» zum Teil von «Die Möglichkeit einer Insel» inspirieren ließ, einmal gesagt. «Aber das Thema, das er am besten behandelt, ist für mich das, was er nie erwähnt: Liebe. Oder, um es genauer zu sagen, die Abwesenheit von Liebe, die jede

Seite seiner Bücher atmosphärisch ausfüllt.»[5] Wobei das nicht so ganz stimmt. Er erwähnt sie ja, er feiert sie auch – als Unmöglichkeit, die eine ferne Möglichkeit aber nicht ausschließt.

Einen tragischen Eindruck machte Houellebecq am Filmset in Benidorm allerdings nicht – schon gar nicht, als die Szene eines Bikini-Wettbewerbs, im Roman im «Thomson Holidays Club» spielend, gedreht wurde: «Ein Dutzend kleiner Flittchen zwischen dreizehn und fünfzehn Jahren stand hüftwackelnd vor einer der Treppen, die auf das Podium führten, und japste vor Ungeduld», heißt es im Buch.

«Was wir gerade drehen, sind eigentlich die einzigen Szenen, in denen einigermaßen viel Haut zu sehen ist. Michel hat im Drehbuch vieles geändert. Der Film wird sehr anders werden als der Roman», erklärte, etwas im Abseits stehend, der Produzent des Films, Éric Altmayer – während im Hintergrund, auf einem in den Pool hineinragenden Laufsteg, der Schönheitswettbewerb in vollem Gange war. Einen Tag lang tanzten die Bikini-Mädchen (im Film sind sie etwas älter) nun am Pool des «Gran Hotel Bali», unterbrochen vom Warten auf die Sonne, die sich nicht immer zeigen wollte. Eine Rentnerversammlung diente bewegungslos als Publikum. Nur einer von ihnen nickte zum Rhythmus des Popsongs stoisch mit dem Kopf. Und manchmal machte der Regisseur seinen Tänzerinnen vor, wie sie sich am besten bewegen sollten. Er tanzte in Andeutungen.

n Filmset in Benidorm: Einen Tag lang tanzten die «Bikini-Mädchen» am Pool des
iran Hotel Bali», eine Rentnerversammlung diente bewegungslos als Publikum.

Michel Houellebecq interessiert sich eigentlich nicht besonders für Literaturverfilmungen. Den «Elementarteilchen»-Film von Oskar Roehler hatte er sich zu diesem Zeitpunkt noch nicht angeschaut. Auch wenn der Film «Die Möglichkeit einer Insel» denselben Titel trägt wie das Buch, darf man ihn trotzdem nicht als Romanverfilmung verstehen. Vielmehr ging es dem Autor als Regisseur darum, das visuelle Medium zu erkunden. Houellebecq suchte nach einer anderen Sprache, veränderte, kürzte, variierte das Romanmaterial radikal. Und das bringt mit sich, dass es im Film keine Sexszenen gibt. Der sich in all seinen Romanen wiederfindende Widerspruch, selbstbezogene Vergnügungssucht zu missbilligen, sie aber ausgiebig in erotischen Begegnungen zu schildern, bleibt für Houellebecq Sache der Literatur. Das will er nicht in die Bildsprache transportieren, was man sofort versteht. Pornobilder sind Pornobilder. Der literarisch inszenierte Widerspruch ginge im Film sehr wahrscheinlich verloren, «Die Möglichkeit einer Insel» würde platt werden, und dabei geriete aus dem Blick, worum es Houellebecq eigentlich geht: um die Zukunft des Menschen in einer menschenfeindlichen, zerstörten, ressourcenarmen Umwelt; und um die romantische Hoffnung, dass es in dieser Welt trotz allem so etwas geben könnte wie Liebe.

Am Nachmittag in Benidorm kam der Schauspieler Benoît Magimel aus der Hotellobby zum Pool, mit Aviator-Sonnenbrille, sandfarbenem Hemd und sandfarbener Hose – was ein eindrucksvoller Auftritt war. Mit seinen römischen Zügen und den aufgeworfenen Lippen ist Magimel eines der schönsten Gesichter des zeitgenössischen französischen Kinos. In Deutschland kennt man ihn aus Michael Hanekes «Die Klavierspielerin», wo er als musikbegabter Physikstudent neben Isabelle Huppert zu sehen war. Michel Houellebecq habe er kennengelernt, als der nach einer Filmpremiere zu ihm kam, um ihm zu gratulieren, so Magimel. Dass er jetzt den Helden in dessen Film spielte, war vor allem deshalb überraschend, weil man in dieser Rolle zunächst natürlich eine Art Alter Ego Houellebecqs vermutet hätte, eine Figur, wie man sie aus den Romanen kennt; jemand, der an der Welt leidet, mehr noch aber an sich selbst, an seinem mediokren Aussehen, seiner physischen Durchschnittlichkeit. Liebevoll legte Magimel den Arm um seinen Regisseur, als sie vertraulich die nächste Szene besprachen. Es war das schöne Bild zweier, die unterschiedlicher nicht sein konnten; eines nach außen und eines völlig nach innen gekehrten Menschen, die einander umarmten und dabei ohne Unterlass rauchten.

Magimel spielte im Film gleich mehrere Rollen: den Daniel der Gegenwart und, als dessen Klon, den Neo-Menschen der Zukunft, mit dessen Auftritt der Film beginnt. Wie aus einer Google-Earth-Perspektive nähert sich die Kamera langsam der Erde, doch ist, je näher sie kommt, nicht viel mehr zu sehen als Wüste, Leere, Staub und rote Flüsse. Gedreht wurden diese Zukunftsszenen in der vulkanischen Landschaft Lanzarotes, Mathis Nitschke, Komponist der Filmmusik, wählte die melancholisch dunkle Stimme einer Solobratsche. Die Zukunft sollte bei Houellebecq voller Trauer sein. Es sollte wenig gesprochen werden, und der Film sollte zwischen der Zukunft und einer Gegenwart changieren, die man sich noch etwas krasser vorstellen musste als Benidorm, noch Louis-de-Funès-hafter. Denn Houellebecq liebt Louis de Funès. Den Komiker, der im Roman die Hauptfigur der Gegenwart darstellt, ein ausgekochter Zyniker des französischen Showgeschäfts, der in provokanter Pose Sendungen unter dem Titel «Lasst uns Miniröcke mit dem Fallschirm über Palästina abwerfen» produziert, diesen Komiker hat Houellebecq für den Film allerdings gestrichen. Er kommt nicht mehr vor, so wie seine Freundinnen nicht mehr vorkommen: die mit ihrem körperlichen Verfall hadernde Chefredakteurin der Frauenzeitschrift «Lolita» nicht und auch nicht die junge Esther. Das ist alles weg, und damit eben auch der Sex.

Wenn Benoît Magimel im Film als Danielı in die Ferienhölle reist, dann eigentlich nur, um Kontakt mit einer in der Nähe ansässigen Sekte aufzunehmen, die – den Raelianern nachempfunden – durch Klontechnologie den Menschen unsterblich machen will. Der Prophet dieser Sekte ist sein Vater, der ihn, bevor er stirbt, zu seinem Nachfolger ernennt. Es wird eifrig geklont. Und so überlebt der Mensch nicht durch natürliche Fortpflanzung, derer er müde geworden ist, sondern nur durch künstliche Reproduktion. Was ihm dabei abhandenkommt, sind alle menschlichen Regungen. Zu Gefühlen ist er nicht mehr fähig, und doch wird er angetrieben von einer Sehnsucht nach dem, was ihm durch die Lebensberichte früherer Generationen als menschliches Empfinden überliefert ist. Durch die Vulkanwüste stolpernd, wird Daniel25 sich in den Zukunftsszenen am Ende des Films auf die Suche nach Marie machen, der sein Vorgänger viele Klongenerationen zuvor begegnet war. Sie hatten nichts ausgetauscht als einen langen, intensiven Blick.

Als der Film beim Filmfestival in Locarno gezeigt wurde und im Herbst 2008 dann in die Kinos kam, gefiel er so gut wie niemandem: «Die Unmöglichkeit eines Films», titelte «Le Monde»; «Die Möglichkeit des totalen Flops» konnte man in «Libération» lesen; «Die Gewissheit eines Fiaskos» in «Les Echos» oder «Ausweitung der Flop-Zone» im «Figaro». Wer den Film gesehen hat, kann dem schwer widersprechen. Eigentlich ist er kaum auszuhalten. Am Anfang geht es noch einigermaßen lustig los, weil Houellebecq sich in den ersten Minuten schon einen Hitchcock-artigen Cameo-Auftritt gönnt: Die Handlung beginnt mit dem weiß gewandeten «Propheten», gespielt von Patrick Bauchau, früher einmal Hauptdarsteller von Wim Wenders' «Stand der Dinge». In einer wallonischen Lagerhalle verspricht er seinen Zuhörern «das ewige Leben für alle», während Benoît Magimel als Daniel1 Kreuzworträtsel löst. Im Publikum sitzt auch Houellebecq in einer roten Trainingsjacke und mit Plastiktüte. Gelangweilt trinkt er aus einer Dose und zündet sich während des Vortrags eine Zigarette an, bis es ihm jemand verbietet. Das hält einen erst einmal wach, aber schon nach zehn Minuten ist man beinahe eingeschlafen. Man könnte die Erzählweise als elegisch bezeichnen oder als temporeduziert. Man kann sie aber auch einfach quälend langweilig nennen. Im Film ist vom Roman nichts geblieben, was Spannung hätte generieren können. Die Episode im «Gran Hotel Bali» ist nicht viel mehr als eine skurrile und unverständliche Freakshow. Und die Szenen, die in der Zukunft spielen und in denen Daniel25 auf einer Art Tablet die handschriftlichen Aufzeichnungen von Daniel1 liest und dabei auf der Oberfläche des Bildschirms herumwischt, sind mit vollkommen trostlosen Pappmaché-Science-Fiction-Kulissen und mit Computereffekten ausstaffiert, an deren Design angeblich die Bildhauerinnen Rosemarie Trockel und Théa Djordjadze sowie der Architekt Rem Koolhaas beteiligt waren – was man, wenn man sie sieht, aber nicht für möglich hält.

So unspektakulär der Film am Ende geworden ist, so spektakulär und aufschlussreich war es jedoch, Houellebecq dabei zuzusehen, wie er diesen Film machte. Sehr leise agierte Michel Houellebecq an der Kamera, sehr zurückhaltend und über die Maßen schüchtern. Wenn er sprach, machte er manchmal mitten im Satz Pausen, die einem wie eine Ewigkeit vorkamen, redete zur großen Überraschung dann aber doch weiter. Er hatte bloß ein bisschen nachgedacht. Es war das erste Mal, dass Michel Houellebecq über einen längeren Zeitraum hinweg mit Menschen zusammenarbeitete. Wenn man ihn beobachtete, in der schönen Touristenhölle von Benidorm, dann hatte man den Eindruck, dass Michel Houellebecq etwas war, was man nicht unbedingt vermutet hätte: Wehmütig und wider Willen zeigte er sich als ein großer Menschenfreund.

«Und die Liebe, die alles so leicht macht, / Dir alles schenkt, und zwar sogleich; / Es gibt in der Mitte der Zeit / Die Möglichkeit einer Insel», rezitiert im Film die Stimme aus dem Off. Im Roman stehen diese Zeilen am Ende des zweiten Teils. Sie sind die letzte Strophe eines Gedichts, das man später auch in Houellebecqs Band «Gestalt des letzten Ufers» findet.[6] Als der 2013 unter dem Titel «Configuration du dernier rivage» in Frankreich erschien, hieß es, Michel Houellebecq kehre zu seinen Wurzeln zurück, weil er mit Gedichten seine Karriere begonnen hatte. Aber eine echte Rückkehr war das genauso wenig, wie die melancholischen, sehr dunklen Gedichte einen anderen Houellebecq offenbarten, den manche «unter der Maske des rücksichtslosen Provokateurs unverstellt» zu entdecken glaubten.[7] Die düsteren Gesellschaftsszenarien der Romane, seine Touristenhöllen oder die techno-romantischen Ruinenlandschaften, durch die er seine Zukunftsmenschen irren ließ, fand man in den Gedichten zwar nicht. Aber die Wehmut, die Sehnsucht nach dem Unwiederbringlichen, also das, was Michel Houellebecq zum Romantiker und eben nicht zum Zyniker macht – das gab es sowohl in den Romanen als auch in diesen Gedichten, die wie eine Melodie klangen, mit der man die Romane unterlegen konnte. Nicht zufällig hat Houellebecq schon früh CDs von seinen Gedichten aufgenommen und Konzerte gegeben. Hier wurden sie zum Soundtrack: schwermütig, selten komisch, mit den «Erinnerungen eines Schwanzes» sicher auch pornographisch und durchdrungen vom bekannten ironischen Houellebecq-Witz: «Die Männer wollen alle nur den Schwanz gelutscht bekommen / So viele Stunden am Tag wie möglich / Von so vielen hübschen Mädchen wie möglich. / Abgesehen davon interessieren sie sich für technische Probleme. / Ist das hinreichend klar?»[8]

Die Sammlung verwies auch auf jene Dichter, die für Houellebecq von zentraler Bedeutung sind und immer waren und in deren Tradition er sich hier explizit stellte: «Ich bin sehr neunzehntes Jahrhundert», hat er, als die Gedichte erschienen, in einem Interview für die Tageszeitung «Libération» zu seinem Freund Sylvain Bourmeau gesagt, der ihn damals als deren Feuilletonchef zu Hause besuchte. Mallarmé und Lautréamont, Verlaine und Apollinaire, er liebe die Poesie all dieser Dichter sehr, auch die von André Breton, obwohl er sicher sei, dass er Letzteren, hätte er ihn kennengelernt, gehasst hätte. So findet man in «Gestalt des letzten Ufers» Anspielungen auf Stéphane Mallarmés «Coup de dés», «Der Würfelwurf»: «Der zerstörte Bogen aus schlanker Traurigkeit / Verfestigt sich zugleich, verschwindend klein, / In unmerklichem, äußerstem Kampf, / Die Würfel sind erst halb gefallen.»[9] Charles Baudelaire klingt an, wenn das allererste Gedicht der Abteilung «Erinnerungen eines Schwanzes» an «Gift» aus den «Blumen des Bösen» denken lässt. Oder man glaubt, lautmalerische Arthur-Rimbaud-Verse zu hören: «Le soir descend, porteur de paix et d'amertume; Le sang bat dans les veines au rythme ralenti», heißt es in Alexandrinern bei Houellebecq.

«Der Abend senkt sich, bringt Frieden und Verbitterung; das Blut pocht in den Adern im verlangsamten Takt.»[10] Man muss das laut lesen, um den Rhythmus des pochenden Bluts in den Adern zu hören. So wie man Schüsse zu hören glaubt in der letzten Zeile von Rimbauds berühmtem Gedicht «Der Schläfer im Tal», das er sechzehnjährig im Oktober 1870 schrieb, als er noch in seinem Geburtsort Charleville wohnte, wo nur einige Kilometer entfernt, bei Sedan, im September 1870 die Entscheidungsschlacht des Deutsch-Französischen Kriegs stattfand: «Les parfums ne font pas frissoner sa narine / Il dort dans le soleil, la main sur sa poitrine, / Tranquille. Il a deux trous rouges au côté droit», heißt die letzte Strophe.[11] «Die Gerüche lassen seine Nüstern nicht mehr frösteln / Er schläft unter der Sonne, die Hand auf seiner / Ruhenden Brust. Er hat zwei rote Löcher an der rechten Seite.» Überall ist Houellebecqs Lyrik durchdrungen von Anspielungen auf die Dichter des neunzehnten Jahrhunderts.

Ein Abend im Januar 2017 im «Il Vicolo», einem italienischen Restaurant in der Rue Mazarine in Paris. Die Éditions de l'Herne, ein kleiner Verlag mit großer Tradition, haben zur Buchpremiere des «Cahier Houellebecq» eingeladen, das Agathe Novak-Lechevalier herausgegeben hat. Sie ist Professorin an der Université Paris X Nanterre, Literaturwissenschaftlerin, spezialisiert auf das neunzehnte Jahrhundert. Die Tische des Restaurants sind beiseitegeräumt, dicht drängen sich die Weggefährten Michel Houellebecqs, deren Beiträge sich im Buch finden. Vorne auf der Bar steht eine Houellebecq-Büste, die der Künstler Gérard Lartigue angefertigt hat und die nun von Gästen und Gastgebern bewundert wird. Als der echte Michel Houellebecq das Restaurant betritt, bemerkt dies kaum jemand. Man sieht ihn nicht kommen, vielmehr ist er plötzlich einfach da. Im dicken Parka und mit einem Rucksack auf dem Rücken steht er in der Menge und wird von allen Seiten umarmt. Der Regisseur Guillaume Nicloux streicht ihm zur Begrüßung liebevoll übers Haar, und Houellebecq sieht nicht so aus, als ob ihm das missfallen würde. Dann wird er nach vorne gezogen und steht neben Agathe Novak-Lechevalier, die erzählt, wie sie sich das erste Mal an den Autor wandte. «Monsieur», habe sie geschrieben und ihn um ein Gespräch über die Literatur des neunzehnten Jahrhunderts gebeten. Und er habe «Madame» zurückgeschrieben und versucht, ihr zu verstehen zu geben, dass seine Antworten möglicherweise weniger intelligent ausfallen könnten, als sie sich das erhoffte. Aber er willigte ein, und so lernten sie sich kennen, in einem mehrere Stunden dauernden Gespräch über die französische Literatur des neunzehnten Jahrhunderts.

Houellebecq lacht, und die Freunde, die um ihn herumstehen, lachen auch. Es stimme, er interessiere sich für das neunzehnte Jahrhundert, es spiele eine größere Rolle in seinem Werk als das zwanzigste, das für ihn literarisch gesehen zwei Hauptfehler habe. Einer davon sei der des «Nouveau Roman», formale Experimente zum Ziel von Literatur zu erklären. Damit könne er nichts anfangen. Für ihn erzähle Literatur von der Welt, sie erzähle

Die Houellebecq-Büste von Gérard Lartigue,
die im Januar 2017 im Pariser Restaurant
«Il Vicolo» präsentiert wurde.

von etwas und handele nicht vor allem von der Sprache selbst. Das andere, was er auch nicht möge, sei, die Literatur in den Dienst eines Engagements zu stellen, so wie es Albert Camus und Jean-Paul Sartre getan hätten. Er stehe in einer Tradition des realistischen Romans, in der von Gustave Flaubert und Honoré de Balzac. Im Frankreich des neunzehnten Jahrhunderts sei der Roman ja sozusagen geboren worden. Nach der Revolution begriffen die Schriftsteller zum ersten Mal, dass die Gesellschaft etwas war, das sich transformierte. Vorher, in der Tragödie und Komödie, war es um die ewigen Dinge gegangen. Balzac hingegen machte es sich zur Aufgabe, die Gesellschaft so zu beschreiben, wie sie sich unter den eigenen Augen veränderte. Mit den neuen Ökonomien, dem Kapitalismus, der Macht der Bank, der Presse. Die Gesellschaft verändere sich immer noch, sodass die Mission von Romanautoren dieselbe sein könne. Das meine er, wenn er sage, dass er sich dem neunzehnten Jahrhundert nahe fühle.

Das Gespräch, das «Madame» und «Monsieur» führten, und das man im «Cahier de l'Herne» findet, ist ein Gespräch über das romantische Erbe im Werk des Autors und über seine Lektüren. Houellebecq erzählt, wie ihn die Märchen Hans Christian Andersens als Kind beeindruckten, wie er sich an diese Märchen erinnere, die zu lesen und zu hören ein Schock gewesen sei und die er immer noch genauso möge wie damals, was sich bis zu seinem Tod wohl auch nicht ändern werde. «Das kleine Mädchen mit den Schwefelhölzern» breche ihm jedes Mal wieder das Herz. Er erzählt, wie er Jules Verne entdeckte und über Charles Dickens Tränen gelacht habe. Und wie er, viel zu früh, mit zehn Jahren, von seinen Großeltern «Graziella» geschenkt bekam, den Roman von Alphonse de Lamartine. Das Buch, das 1852 herauskam und nach dem Tod Lamartines eines der erfolgreichsten Werke der französischen Romantik wurde, erzählt von einem jungen Mann, der nach Italien fährt, sich in das Fischermädchen Graziella verliebt und das Glück seines Lebens erlebt, bis Graziella stirbt. Lamartine hatte sich im Oktober 1816 bei einer Kur in Aix-les-Bain in die tuberkulosekranke, etwas ältere Madame Julie Charles verliebt, der er anschließend nach Paris folgte, wo er in ihrem Salon verkehrte. Zur verabredeten zweiten Kur in Aix kam es nicht mehr, weil Julie Charles wenig später starb. Tief erschüttert von ihrem Tod besang Lamartine die Erinnerung an «Elvire», wie er sie nun nannte, in seinen Gedichten «L'Isolement», «Le Lac» oder «Le Temple» – und in «Graziella».

«Man findet dort die gesamte Romantik, in ihrer Jugendlichkeit, in ihrer ursprünglichen Kraft», so Houellebecq. «Das Gedicht ‹Das erste Bedauern›, das den Band abschließt, ist von unglaublicher Unschuld. Weder vor noch nach Lamartine (selbst bei Racine, selbst bei Victor Hugo nicht) sind Alexandriner mit dieser Natürlichkeit, mit dieser Spontaneität, mit diesem Gefühlsüberschwang geschrieben worden. Wie könnte Lamartine, der mit achtzehn eine Graziella kennengelernt hatte, die sechzehn Jahre alt war, das vergessen? Wie konnte er danach weiterleben? Und wie kann der Leser von Lamartine sein Leben etwas anderem widmen als der Suche nach einer sechzehnjährigen Graziella?»[12] Bei ihm habe die Lektüre eine Art Lamartine'sche Neurose ausgelöst. Sie habe ihn völlig durcheinandergebracht und erschüttert. Er sei damals bei den Mädchen gefragt gewesen, und einige von ihnen, das sei ihm heute klar, hätten schon Hintergedanken gehabt. Doch dann sei kurz danach die Pubertät gekommen, die mit der Mode der Miniröcke zusammenfiel, und er habe Mühe gehabt, das mit der Lektüre von «Graziella» in Einklang zu bringen. Er habe begonnen, die Arme, die sich ihm entgegenstreckten, von sich zu weisen – und das, obwohl er große Lust auf sie hatte –, um im Leben nach Dingen zu suchen, die dort nicht zu finden waren. Kurz, die Dinge fingen an, für ihn überhaupt nicht mehr zu stimmen, und er denke bis heute, dass Lamartine bis zu einem gewissen Grad schuld daran sei. Bis heute werde er von diesen Lamartine'schen Krisen immer wieder aufs Neue ergriffen, regelmäßig ereigne sich das. Es sei die Einsicht der Vergeblichkeit, die in diesem Roman stecke: «Ich hätte nur danach greifen müssen, aber ich habe es nicht getan, jetzt ist es zu spät.» Bis heute habe er die «Graziella»-Ausgabe seiner Kindheit aufbewahrt, weil es ein so außergewöhnliches Buch sei.[13]

«Und Balzac?», fragt ihn Agathe Novak-Lechevalier. «Was ist mit Balzac?» Wie alle Realisten war auch Balzac mit der Romantik groß geworden. Die romantische Totalität fächerte er in perspektivische Vielfalt auf, löste sie aus christlichen Konnotationen. Er ersetzte den Vergangenheitsbezug romantischer Geschichtsdarstellung

durch einen Gegenwartsbezug und senkte die Fiktions-
schwelle bis zu dem Punkt, an dem die dargestellte Wirklichkeit sich als Verlängerung der Erfahrungswirklichkeit
präsentierte.[14] Mit Balzac war es anders. Houellebecq las
Baudelaire mit dreizehn und hatte das Gefühl, noch nie
etwas so Schönes gelesen zu haben. Mit dreizehn ver-
schlang er auch Dostojewski, aber Balzac hasste er, weil
er ohne jede Hoffnung war. «Wenn man jung ist, mag
man es, wenn es dramatisch wird, aber mitleidlose Analysen mag man nicht. Es gibt wenig Gründe, am Leben zu
bleiben, wenn sich überall das Böse durchsetzt, weshalb
es eigentlich auch ein Zeichen von Gesundheit ist, wenn
man Balzac verabscheut.» Erst mit fünfundzwanzig Jahren habe er ihn schätzen gelernt, was auch für Joris-Karl
Huysmans gelte, den er früher kaum habe lesen können,
weil er so maßlos übertreibe. «Einen großen Schöpfer
von Abscheu, empfänglich für das Schlimmste, dürstend
nur nach dem Übermäßigen, unglaublich leichtgläubig,
mit Leichtigkeit allen Scheußlichkeiten zugänglich, die
man sich bei menschlichen Wesen vorstellen kann»,
habe Paul Valéry einmal über Huysmans gesagt. Norma-
lerweise heißt es ja, seine, Houellebecqs, Welt sei maxi-
mal negativ und düster. Er selbst aber sei der Meinung,
dass Balzac eben noch viel negativer und dunkler sei als
er selbst. Balzac sei zu vollkommener Düsternis fähig,
man müsse nur «Cousin Pons» lesen, das sei unerträglich.
Bei ihm selbst, wie übrigens auch bei Dostojewski, gebe
es – anders als bei Balzac – immer auch eine irrationale
Komponente.

Und dann sagt Michel Houellebecq noch etwas, das verwundert, weil er eigentlich ein Gegner von Einordnungen und Festschreibungen ist und seine öffentliche Selbstinszenierung darauf angelegt hat, sich solchen Festschreibungen zu entziehen. Er sagt: Wenn er sich selbst einordnen müsste, dann würde er sich einen «falschen Realisten» nennen. In diesem Sinne jedenfalls begreife er sich als «Realist und Romantiker» zugleich, das sei nicht unvereinbar. Man könne beides auf einmal sein.[15]

Sich einen «falschen Realisten» zu nennen und Widersprüche verkörpern zu wollen: Das sieht Michel Houellebecq dann wieder sehr ähnlich – was nicht heißt, dass diese Selbsteinschätzung nicht ernst zu nehmen wäre. Denn das ist sie. Wer ist Michel Houellebecq? Er ist nicht *allein* der Realist, dem es darum geht, in der Tradition Balzacs die Gesellschaft so zu beschreiben, wie sie sich unter den eigenen Augen verändert. Genauso wenig ist er *nur* der Romantiker auf der «Suche nach Glück», zu dem der Schriftsteller Aurélien Bellanger ihn machen wollte, als er 2010 sein Buch «Houellebecq, écrivain romantique» veröffentlichte und sein Werk unter dieser Perspektive betrachtete.[16]

Michel Houellebecq ist beides zugleich. Dass man den Realisten vor allem in den Romanen und den Romantiker vor allem in den Gedichten findet, liegt nahe. Doch – und das wird an keinem seiner Romane so gut sichtbar wie in «Die Möglichkeit einer Insel» – sind auch die Romane immer wieder durchdrungen von der romantischen Poesie Michel Houellebecqs. «Die Poesie ist nicht nur eine andere Sprache, sie ist ein anderer Blick. Eine andere Art, die Welt, alle Dinge der Welt zu sehen», hat Houellebecq in einem seiner Essays geschrieben und von zwei Sprachen, zwei «unversöhnlichen Weltanschauungen» gesprochen: «Die Sprache der Prosa gliedert Überlegungen, Argumente, Fakten; im Grunde gliedert sie vor allem Fakten», wohingegen mit der Poesie Pathetik die Welt überflute: «Es ist nicht nur der Himmel, sondern die ganze Welt, das Wesen dessen, der spricht, die Seele dessen, der zuhört, die von einem Ton der Angst und Beklemmung befallen werden», schreibt er in Bezug auf einen Vers von Baudelaire.[17] Wenn der Romantiker Houellebecq im Roman des Realisten Houellebecq die Stimme ergreift, dann sind es diese «unversöhnlichen Weltanschauungen», die miteinander konkurrieren. «Non réconcilié», heißt eine Anthologie, die Gedichte Michel Houellebecqs versammelt, «Unversöhnt».[18] Es ist ein Titel, der nicht zuletzt auf den Autor selbst zutrifft – er ist unversöhnt mit sich selbst.

Der Gewinner

Es war ein kalter Winterabend im Loiret – jener Gegend, in der Michel Houellebecq im Haus seiner Großeltern aufgewachsen ist –, das Jahr hatte gerade begonnen, und Houellebecq trug eine Lammfelljacke und eine Cordhose gegen die Kälte. Es war nicht lange her, da hatte er bei einem Besuch im Dorf festgestellt, dass das Haus seiner Kindheit zum Verkauf angeboten wurde. Er hatte es erworben, ohne über den Preis zu verhandeln, und seine Sachen hierherbringen lassen. «Es gibt bestimmt Glatteis», sagte Houellebecq nun an der Haustür. «Fahren Sie vorsichtig.» Und hob zum Zeichen des Abschieds langsam die Hand, die er in Höhe der Schulter hin und her bewegte, während sein Hund, der neben ihm saß, zu nicken schien, als sei er mit der Abreise einverstanden. «Mein Leben geht zu Ende, und ich bin enttäuscht», hatte er beim Pflaumenbranntwein gesagt. «Nichts von dem, was ich mir in meiner Jugend gewünscht habe, ist eingetreten. Es hat interessante Menschen gegeben, aber sie waren immer schwierig und haben fast immer meine Kräfte überstiegen, nie ist mir etwas als Geschenk vorgekommen, und jetzt habe ich es einfach satt, ich möchte nur noch, dass alles ohne übermäßiges Leiden, ohne schwere Krankheit, ohne Gebrechen zu Ende geht.» Er hatte ab und zu neues Holz in den Kamin gelegt, über die Bücher seiner Bibliothek gesprochen und den Gast schließlich zur Tür begleitet.

Dann war lange Monate nichts von ihm zu hören gewesen. Und es dauerte eine ganze Weile, bis endlich die Informationen der Staatsanwaltschaft durchsickerten und auch die Medien erfuhren, was die Polizei längst wusste: Er war tot. «Der Schriftsteller Michel Houellebecq auf brutale Weise ermordet», lautete die Schlagzeile in «Le Parisien». Presseerklärungen prominenter Persönlichkeiten und des französischen Kulturministers wurden in den verschiedenen Zeitungen abgedruckt. Alle waren «niedergeschmettert» oder zumindest «zutiefst betroffen» und ehrten den Verstorbenen als «großen Autor, der uns für immer im Gedächtnis bleiben wird». Es war zu Ende.[1]

Natürlich nicht für den echten Michel Houellebecq. Der veröffentlichte 2010 unter dem Titel «Karte und Gebiet» seinen neuen Roman, in dem er sich das exklusive Vergnügen bereitete, einen Schriftsteller mit dem Namen Michel Houellebecq ermorden zu lassen. Und das auch nicht irgendwie, sondern auf ganz besonders grausame Weise; so grausam, dass einer der beiden jungen Polizisten, die er den Tatort zuerst in Augenschein nehmen ließ, bei dem Versuch, dem Hauptkommissar Bericht zu erstatten, nach Atem ringen und sich erbrechen musste. Ein Fliegenschwarm hatte sich vor der Haustür des Autors gebildet, «die Fliegen flogen summend im Kreis, als warteten sie darauf, an die Reihe zu kommen». Ein grässlicher Gestank breitete sich aus, der sich durch die Masken der Spurensicherung immerhin ein wenig abschwächen ließ. Die Leiche des Schriftstellers lag im Wohnzimmer: «Der Kopf des Opfers war unverletzt. Sauber abgetrennt ruhte er auf einem der Sessel vor dem Kamin, eine kleine Blutlache hatte sich auf dem dunkelgrünen Samt gebildet; auf dem Sofa (…) lag der Kopf eines großen schwarzen Hundes, der ebenfalls sauber abgetrennt war. Der Rest war ein einziges Blutbad, ein unglaubliches Gemetzel, der Fußboden war mit Fleischbrocken und Hautfetzen übersät. Doch weder das Gesicht des Mannes noch das des Hundes war in einem Ausdruck des Entsetzens erstarrt, sie spiegelten eher Ungläubigkeit und Wut wider. Zwischen den vermischten Fleischstücken des Mannes und des Hundes führte ein fünfzig Zentimeter breiter sauberer Gang bis zum Kamin, in dem sich Knochen stapelten, an denen noch Fleischreste hingen. (…) Die gesamte Oberfläche des Teppichs war mit Blutflecken überzogen, die an manchen Stellen komplexe Arabesken bildeten. Die Fleischbrocken selbst, deren rote Farbe hier und dort schwärzliche Töne annahm, schienen nicht aufs Geratewohl hingelegt worden zu sein, sondern einer schwer zu entziffernden Logik zu gehorchen.»[2]

Sich schreibend selbst töten – tatsächlich aber nur eine Schriftstellerfigur mit seinem Namen, das war ganz nach dem Geschmack von Michel Houellebecq. Das war sein Humor. Die Kritik hatte so oft versucht, ihn zu lynchen, hier übernahm er es in spektakulärer Weise selbst und überbot dabei die ihm rituell entgegenschlagende Feindseligkeit mit kalkulierter Grausamkeit.

«Karte und Gebiet» ist ein Roman über den französischen Kunstbetrieb: Der Pariser Künstler Jed Martin, dessen Karriere damit begonnen hatte, dass er Michelin-Karten abfotografierte («Die Karte», so der Titel seiner ersten Ausstellung, «ist interessanter als das Gebiet»), bittet in diesem Roman den in Irland lebenden Schriftsteller Michel Houellebecq, einen Text für den Katalog seiner neuen Ausstellung zu schreiben. Nach seinem Kartenprojekt ist Jed zur Malerei zurückgekehrt, das ist der Trend. Nun zeigt er Porträts von Menschen bei der Arbeit: «Der Journalist Jean-Pierre Pernaut leitet eine Redaktionskonferenz»; «Der Architekt Jean-Pierre Martin gibt die Leitung seines Unternehmens ab»; «Der Ingenieur Ferdinand Piëch besucht das Werksgelände in Molsheim» oder «Bill Gates und Steve Jobs unterhalten sich über die Zukunft der Informatik», heißen diese Bilder. Sie sind schnell Millionen wert, da die dargestellten Promis sich darum reißen, sie für ihre Privatsammlungen zu ersteigern. Auf Vermittlung des Schriftstellers Frédéric Beigbeder kommt es zur Begegnung zwischen Jed Martin und Michel Houellebecq in Irland. Houellebecq erklärt sich bereit, den Katalogtext zu schreiben, den Jed mit zehntausend Euro und einem Houellebecq-Porträt zu honorieren verspricht. Der Künstler fertigt das Bild nach Fotografien an, die er während eines Besuchs beim Autor gemacht hat, und bringt es nach der Vernissage bei Houellebecq vorbei. Der ist inzwischen zurück nach Frankreich gezogen, in das Haus seiner Großeltern. Jed ist es, der ihn dort in Cordhose und Lammfelljacke antrifft, Pflaumenbranntwein mit ihm trinkt und über die Bücher seiner Bibliothek spricht, bis der Autor und sein Hund ihn zur Tür begleiten. Er ist der Letzte, der ihn sieht. Wenig später ist der Schriftsteller tot und das Bild, inzwischen von unschätzbarem Wert, verschwunden. «Er hatte viele Feinde», sagen seine Verlegerin Teresa Cremisi und sein Freund Beigbeder, die einzigen Menschen, die von seinem Tod aufrichtig erschüttert sind. Die Polizei ermittelt.

Hatte Michel Houellebecqs Provokationsstrategie bis dahin in der Vermischung der Rede seiner literarischen Figuren mit seinen öffentlichen Äußerungen als Autor bestanden; hatte er selbst immer wieder wie einer der «Michels» aus den Romanen geklungen (und dann doch nicht mehr), so trieb er in «Karte und Gebiet» einfach alles auf die Spitze: Er lieh der Romanfigur den Namen und wesentliche Züge des Schriftstellers Michel Houellebecq. Er achtete dabei darauf, dass der Schriftsteller im Roman ihm zunächst sehr ähnlich war – und dann immer weniger (allein die Bücher, die der Roman-Houellebecq Jed Martin in seiner Bibliothek zeigt, verweisen nicht gerade auf den Kanon des realen Autors). In seinem metafiktionalen Spiel zeichnete er den Roman-Houellebecq noch krasser, als die Medienberichte den realen Houellebecq gezeichnet hatten. Die in der Öffentlichkeit ohnehin schon zur Schau gestellte Rücksichtslosigkeit gegenüber dem eigenen Körper trieb er entschieden voran.

Auch das tat er aber über einen ironischen Umweg: Als Jed Martin den Schriftsteller zum ersten Mal in seinem Haus in Irland besucht, trifft der Künstler ihn aufgeschlossen und gut gelaunt an. Houellebecq lädt ihn zum gemeinsamen Abendessen ins Restaurant des nahegelegenen Hotels «Oakwood Arms» ein und fährt ihn mit seinem Auto «schnell, locker und mit sichtlichem Vergnügen» dorthin. Martin gesteht überrascht: «Als ich herkam, hatte ich damit gerechnet, dass sich unsere Begegnung – nun, wie soll ich sagen – etwas schwieriger gestalten würde. Sie stehen im Ruf, sehr depressiv zu sein. Ich habe zum Beispiel geglaubt, Sie würden viel mehr trinken.» Das nimmt der reale Autor zum Anlass, den Journalisten eins mitzugeben: «Wissen Sie», lässt er den Roman-Houellebecq sagen, «die Journalisten haben mich in den Ruf gebracht, Alkoholiker zu sein, aber seltsamerweise ist keiner von ihnen je auf die Idee gekommen, dass ich in ihrer Gegenwart nur deshalb so viel trinke, damit ich sie überhaupt ertragen kann. (…) Wie soll man sich mit jemandem treffen, der für *Marianne* oder *Le Parisien libéré* arbeitet, ohne augenblicklich das Bedürfnis zu kotzen zu verspüren?»[3]

Aber dabei bleibt es nicht. Als Jed das zweite Mal in Irland ist, macht Houellebecq sich einen besonderen Spaß daraus, den Lesern dann doch noch das Bild zu servieren, das sie erwartet haben, und legt sogar Wert darauf, die Erwartungen zu übertreffen: Er lässt den Houellebecq des Romans im Schlafanzug an die Tür kommen, mit ungewaschenen Haaren, stinkend, das Gesicht vom Alkohol gerötet. Seine Tage, sagt er, verbringe er im Bett, wo er sich die Zeit damit vertreibe, Zeichentrickfilme zu gucken: «Die mit Weinflecken besudelten und stellenweise angesengten Bettlaken waren mit Zwiebackresten und Mortadellastreifen übersät.» Seit dem letzten Treffen hat Houellebecq einen Bauch angesetzt, sein Hals und seine Arme sind aber noch immer so mager wie zuvor. Er gleicht «einer alten, kranken Schildkröte».[4]

Und man kann gar nicht anders, als in dieser Szene an das berühmt gewordene Porträt der Journalistin Emily Eakin zu denken, die den Autor in Irland besucht und ihn «in trunkener Betäubung», mit dem Kopf im Teller, beschrieben hatte. «Ja, das war ein besonderes Vergnügen, noch hässlicher über mich zu schreiben, als dies die anderen bisher getan haben», hat Houellebecq später bei der Vorstellung von «Karte und Gebiet» im «Babylon» in Berlin gesagt, wo er jedes Mal kicherte, wenn der Schauspieler Martin Wuttke die besonders bösen Stellen vortrug, die den verwahrlosten Schriftsteller «Houellebecq» ins Bild setzten.[5]

So zahlte es Michel Houellebecq, der echte, den Journalisten, die in ihren Artikeln so effektvoll über ihn geschrieben hatten, mit einer Satire heim – und wurde dafür geliebt. Er brachte die aufgeblasene Pariser Kunst- und Medienszene zum Tanzen, verwendete ausschließlich reale Namen; Fernsehmoderatoren, Senderchefs, Autoren, alle konnten sich hier wiederfinden – und in Frankreich freute man sich. «Ich, Frédéric B., Romanfigur» hieß ein Artikel, den Frédéric Beigbeder in «Le Monde» veröffentlichte. Er war stolz und erleichtert, in der literarischen Darstellung so gut weggekommen zu sein. Aber auch jene, die nicht gut wegkamen, bewunderten jetzt Michel Houellebecq. Das war das Unglaubliche und völlig Unerwartete, das mit diesem Buch einherging. Mit einem Mal war es mit dem Hass und dem Image des angefeindeten Provokateurs vorbei. In der Wahrnehmung der Öffentlichkeit war Michel Houellebecq nicht länger ein «Volksfeind», er wurde zum gefeierten Schriftsteller, auf den sich – zumindest im Jahr 2010 – alle einigen konnten. Vor allem liebte ihn, eben noch ein Ding der Unmöglichkeit, auch die französische Kritik. Nicht alle natürlich, seine Schriftstellerkollegen Pierre Assouline und Tahar Ben Jelloun verrissen das Buch im Blog und im Interview. Aber «Le Monde», «Libération» und der bekannte Journalist Bernard Pivot lobten es, die Houellebecq-treue Zeitschrift «Les Inrockuptibles» widmete ihm eine Cover-Geschichte. Und darüber hinaus wurden die Stimmen lauter, die Houellebecq diesmal als ernstzunehmenden Kandidaten für den wichtigsten französischen Literaturpreis, den «Prix Goncourt», handelten, für den er zum vierten Mal nominiert war, bisher aber immer leer ausgegangen war.

Am Montag, den 8. November 2010 war es dann so weit: Am Mittag vergab die Jury des «Prix Goncourt» den Preis an Michel Houellebecq. Mit sieben zu zwei Stimmen entschieden sich die Juroren schon in der ersten Abstimmungsrunde für «La carte et le territoire». Die Gegenstimmen entfielen auf Virginie Despentes, die für ihren Roman «Apokalypse Baby» den «Prix Renaudot» bekam.

Gegen halb zwei traf der Preisträger an der Place Gaillon im Pariser Restaurant «Drouant» ein, wo der Goncourt jedes Jahr vergeben wird. Er trug ein blaues Hemd mit offenem Kragen, seine Augen lachten, aber er wirkte auch eingeschüchtert von der Menschenmenge, die ihn umringte. Drinnen warteten schon seine Verlegerin Teresa Cremisi, sein Agent François Samuelson und sein Freund Frédéric Beigbeder. Die Journalisten stürmten buchstäblich den Saal. Es war eine Drängelei ohne Beispiel. Teresa Cremisi versuchte, die Medienleute von der damaligen Präsidentin der Académie Goncourt, Edmonde Charles-Roux, fernzuhalten. Ein Glas fiel um, Wein ergoss sich über den Zehn-Euro-Scheck, der dem neuen Preisträger überreicht wurde (mehr gibt es als Preisgeld tatsächlich nicht, dafür die Aussicht auf eine Menge Buchverkäufe).

Er sei es nicht gewohnt, Reden zu halten, sagte Houellebecq und dankte auch dem ehemaligen Präsidenten der Académie, François Nourissier, der ihn schon in den Jahren zuvor unterstützt hatte, als er für «Elementarteilchen», «Plattform» und die «Möglichkeit einer Insel» nominiert worden war. «Ich freu mich doch schon sehr», sprach er in die vielen Mikrophone, die die Pressevertreter vor ihm aufgebaut hatten. «Ich bin zutiefst glücklich.» Alle lachten. Man war es nicht gewöhnt, Michel Houellebecq glücklich zu sehen. «Ja aber, so finster bin ich doch auch wieder nicht, oder? Ich habe diesen Ruf, aber ich finde mich nicht finster, in meinem Privatleben jedenfalls nicht.»[6]

Abends beim Empfang seines Verlags Flammarion erschien Houellebecq etwas später als die anderen Gäste, er kam direkt aus dem Fernsehstudio der Nachrichtensendung von David Pujadas, der ebenfalls zum Personal von «Karte und Gebiet» gehört. Er kletterte auf die Bar, um von dort aus der applaudierenden Menge zuzurufen: «Es ist besser für mich und besser für Frankreich, dass ich diesen Preis habe. Wenn ich ihn nicht bekommen hätte, hätte es eine Menge Ärger gegeben, und das wäre schlecht für die Stimmung im Land gewesen. Also haben wir ein Problem weniger!» Frédéric Beigbeder lachte schallend, kletterte zu ihm auf die Bar und umarmte ihn. Houellebecq wirkte nicht wirklich nüchtern. «Ihr mögt mich hier, ich freue mich», sagte er zu den Anwesenden.[7] Dann ließ er sich umringen. Denn alle wollten etwas von ihm.

Wie hatte das passieren können? Wieso so viel Bewunderung und Liebe nach so viel Ablehnung und Hass? Michel Houellebecqs «Karte und Gebiet» ist ein Roman, der ohne dunkle Visionen und ausführliche Sexszenen auskommt. Der Roman-Houellebecq schläft zwar mit einer sehr aufregenden Russin namens Olga Sheremoyova, einer slawischen Schönheit mit endlos langen Beinen («Wie konnte jemand so lange und dünne Beine haben?»), doch werden diese Szenen nicht explizit beschrieben; pornographisch ist das Buch nicht mal annäherungsweise. Sicher, es gibt die Schilderung des Tatorts, die brutal ist. Da es sich bei dem Toten aber um die Houellebecq-Figur handelt, ist die Passage vor allem komisch. Und dann gibt es da noch einen Handlungsstrang, der mit außergewöhnlich viel Wärme die Geschichte einer Vater-Sohn-Annäherung

«Ja aber, so finster bin ich doch auch wieder nicht, oder? Ich habe diesen Ruf, aber ich finde mich nicht finster, in meinem Privatleben jedenfalls nicht»: Der Gewinner des «Prix Goncourt» im November 2010.

erzählt, die sich erst spät ereignet, kurz vor dem selbst-gewählten Sterbehilfetod des Vaters, den der Sohn nicht verhindern kann.

Da rieb man sich beim Lesen schon ungläubig die Augen. Und natürlich stand die Vermutung im Raum, dass er den Preis für «Karte und Gebiet» nur deshalb bekam, weil er auf Polemik, Porno und politische Provokation verzichtet und gewissermaßen einen *Houellebecq light* geschrieben hatte. Michel Houellebecq habe endlich «den Ballast der Provokation» abgeworfen, jubelten die Literaturkritiker auch in Deutschland. Er habe «all seine ‹Elementarteilchen› mitgenommen und sämtliche Capricen, alles Kokette und Stilisierte abgestreift», um sie in einen völlig anderen Kosmos zu überführen, in ein «Meisterwerk».[8] Das waren merkwürdige Formulierungen: Die Qualität des Romans schien für manche Kritiker im Verzicht auf genau das zu liegen, was seine Vorgänger ausgemacht hatte. Das Gute an «Karte und Gebiet» war für sie offenbar, dass dieses Buch, obwohl es von Michel Houellebecq war, gar nicht besonders Houellebecq-mäßig daherkam. Wer Michel Houellebecq nie angefeindet hatte, wer seine düsteren Gesellschaftsszenarien mochte oder ihn für seine Sexszenen schätzte, weil sich an Sexszenen in der Literatur grundsätzlich zeigt, ob jemand schreiben kann oder nicht – der konnte bei der Lektüre von «Karte und Gebiet» fast wehmütig werden.

Für Virginie Despentes, die früher mit Michel Houellebecq befreundet war, stand Jahre später noch fest, dass das Buch vor allem als Nicht-Sex-Roman ausgezeichnet worden war: «Houellebecq hat den Prix Goncourt erst bekommen, als er einen Roman schrieb, in dem Sex keine Rolle spielt. Bei mir dasselbe. Ich erhielt den Prix Renaudot für *Apokalypse Baby,* das erste Buch in meinem Leben, in dem es nur eine Sexszene gibt.»[9] Erstaunlicherweise fügte sie – obwohl sie im selben Gespräch bemerkte, Houellebecq seit zehn Jahren nicht mehr gesehen zu haben – hinzu: «Und wir haben das beide nicht etwa aufgegeben, weil wir älter geworden sind und weniger vögeln, sondern weil der Preis, den wir zu entrichten hatten, so hoch war.» Das schien nicht recht zum kompromisslosen Werk Virginie Despentes' zu passen. Auch wirkte es übergriffig, wie selbstverständlich sie ihre Erfahrungen mit denen Houellebecqs gleichsetzte.

Doch schon bei der Preisverleihung hatte es Stimmen gegeben, die Houellebecq Kalkül unterstellten, Leute, die meinten, er sei auf den «Prix Goncourt» so versessen gewesen, dass er sich selbst verleugnet und absichtlich ein «geschmeidigeres, zahmeres, aseptischeres» Buch abgeliefert habe, um die Mitglieder der Jury für sich einzunehmen.[10] Falls dies tatsächlich Teil des Projekts «Karte und Gebiet» gewesen war, konnte sich Michel Houellebecq im November 2010 zufrieden als einen Meister des Kalküls betrachten. Die Rechnung, wenn es denn je eine gegeben haben sollte, war aufgegangen.

Das hieß nicht, dass «Karte und Gebiet» einfach nur eine gut geschriebene und allen willkommene Selbstveralberung war. Die eigentliche Hauptfigur dieses Romans ist der Künstler Jed Martin und nicht der Schriftsteller Michel Houellebecq. Die Kunstwelt steht im Zentrum. Oder besser: der ganze Irrsinn und die Irrationalität des zeitgenössischen Kunstbetriebs. Der Roman erzählt die Geschichte eines Künstlers, der aus nicht objektivierbaren Gründen plötzlich global Erfolg hat, was Houellebecq mit allen Mitteln der Satire ausschlachtet. Höhepunkt dessen ist die in Paris stattfindende Vernissage von Jed Martins «Serie einfacher Berufe», zu der die in großer Eile hergestellten Kataloge mit dem Vorwort von Michel Houellebecq gerade noch rechtzeitig eintreffen – und nicht nur die.

Als der Künstler am Abend der Vernissage die Galerie betritt, raunt ihm Marilyn, seine Presseagentin, schon zu: «Fette Beute, richtig fette Beute.» Der französische Unternehmer und Sammlermilliardär François Pinault ist persönlich zugegen, begleitet von «einer reizenden jungen Frau, die vermutlich aus dem Iran stammte und dem Industriellen bei der Leitung seiner Kunststiftung assistierte». Vor dem Bild «Der Journalist Jean-Pierre Pernaut leitet eine Redaktionskonferenz» steht ein elegant gekleideter junger Mann, der sich als der Chefeinkäufer des russischen Oligarchen Roman Abramowitsch in Europa herausstellt. «Es ist ein gutes Zeichen, wenn schon am Abend der Vernissage eine potentielle Konkurrenzsituation entsteht», stellt Marilyn zufrieden fest. «Es ist eine kleine Welt, sie kennen sich alle, sie fangen bestimmt schon an, Berechnungen zu machen und sich Preise vorzustellen. Dafür braucht man natürlich mindestens zwei Personen.»

Jed macht sich Sorgen, weil die Feuilletonchefin von «Le Monde» nicht gekommen ist. Aber Marilyn beruhigt ihn: «Die Presse kann uns in diesem Stadium scheißegal sein. Auf dieser Ebene spielt sich die Sache sowieso nicht mehr ab.»[11] Nach der Vernissage sind die Bilder im Durchschnitt fünfhunderttausend Euro wert. Ein paar Jahre später liegt ein einzelnes bei zwölf Millionen. Jed Martin wird zum bestbezahlten französischen Künstler der Gegenwart.

In einem «Zeit»-Artikel hat der Kunsthistoriker Wolfgang Ullrich von seinem Seminar über zeitgenössische Künstlerromane berichtet, auf dessen Programm auch Michel Houellebecqs «Karte und Gebiet» stand.[12] Er selbst ging missmutig in das Seminar. Das Buch hatte ihn nicht enttäuscht, aber die Passagen über den Kunstbetrieb kamen ihm aufgesetzt vor. Er fand es albern, so zu tun, als würde man als Künstler mit einem einzigen Exponat bei einer Gruppenausstellung nicht nur «die schönste Frau» (Olga Sheremoyova) kennenlernen, sondern auch noch eine Karriere starten können. Dass der Protagonist mit Bildern bekannt wird, die Ausschnitte von Michelin-Straßenkarten französischer Departements zeigen, erschien ihm so krude wie sonst die Darstellung von genialischen Künstlern in schlechten Filmen. Und dass bei der Ausstellung in der Galerie die Sammlermillionäre auftauchen und den Preis der Bilder in die Höhe treiben, erinnerte ihn an pubertär-naive Träume vom Ruhm, die er hier ohne jegliche Brechung dargestellt sah.

Im Verlauf der Seminardiskussion über den Roman wurde ihm allerdings klar, dass Houellebecq so durchdacht wie berechtigt überzeichnete: Je absurder er die Kunstwelt darstellte, desto eher ließ sich erkennen, wie willkürlich es in ihr tatsächlich zuging. Wer konnte bestreiten, dass die Geschichten von Auktionsrekorden und Künstlerkarrieren die zeitgenössische Kunstwelt und ihre Akteure zu einem Rätsel werden ließen? Warum jemand Erfolg hatte und wofür die gezahlten Summen standen, war nicht zu erklären: «Wir sind sowieso an einem Punkt angelangt, wo der Markterfolg jeden Mist rechtfertigt, ihn anerkennt und sämtliche Theorien ersetzt, niemand ist mehr imstande, ein bisschen weiter zu blicken, absolut niemand», heißt es im Roman.[13] Die Worte, die Houellebecq Jed Martins Galeristen in den Mund legt, brachten es auf den Punkt: «Gegen so viel Maßlosigkeit und Irrationalität war keine Theorie gewachsen», resümiert Wolfgang Ullrich.[14]

Jed Martin tritt im gesamten Roman kaum als «wirklicher» Künstler in Erscheinung. Wie viele Figuren in den Romanen Houellebecqs lebt er sein Leben ohne nennenswerte Ziele. Statt durch den Erfolg motiviert weiterzuarbeiten, die Aufträge der Reichen zu erfüllen oder den Sprung in den Kanon der Kunstgeschichte zu schaffen, gibt er das Malen auf. Später arbeitet er wieder künstlerisch, aber seine neuen Werke haben so wenig mit den vorangehenden zu tun, dass sich keine Künstlerpersönlichkeit erkennen lässt. Allerdings finden sich immer wieder Kritiker, denen es gelingt, alles mit allem in Verbindung zu bringen – was letztlich nur umso mehr Zweifel am Sinn dieser Deutungen weckt.

Der Künstler sei damit eine geradezu metaphysische Person, so Ullrich. Da auf ihn keiner der üblichen Mythen passe, habe sein Erfolg eine skandalös-spekulative Dimension. An seinem Beispiel zeige Houellebecq, dass sich im zeitgenössischen Kunstbetrieb dringlicher denn je die Frage stelle, worin Erfolg eigentlich begründet liege. Im Roman können weder der Künstler noch sein Galerist einen vernünftigen Grund dafür angeben, warum ausgerechnet diese Bilder diese Preise erzielen und zu einem solchen Marktereignis werden. Dass Erfolg auf dem Kunstmarkt nichts mit Leistung zu tun habe, sondern «aus der Irrationalität der Organisation des Marktes geboren wird»[15], setze Michel Houellebecq in «Karte und Gebiet» in Szene. Gerade weil Jed Martin als Künstler schwer zu fassen bleibt, sei er viel provokanter als die Künstlerfiguren anderer Romane der vergangenen Jahre. «Karte und Gebiet» sei am Ende das beste Buch des Semesters gewesen.

«Damien Hirst und Jeff Koons teilen den Kunstmarkt unter sich auf», heißt eines der Bilder von Jed Martin. Er ist unzufrieden damit, kommt lange nicht voran, bis er die Arbeit daran abbricht. Es sei ein «zutreffendes Zeugnis der Situation auf dem Kunstmarkt zu einem gegebenen Zeitpunkt gewesen», heißt es im Roman, das sich aber längst überlebt habe. Tatsächlich sind es nicht mehr die Künstler, die den Markt untereinander aufteilen können. Alles liegt in der Hand der großen Player. Die höchsten Gebote bekommt Jed Martin nach der Vernissage für sein Bild von Bill Gates und Steve Jobs – und zwar von Bill Gates und Steve Jobs selbst. «Schon seit langem», sagt der Galerist, «wird der Kunstmarkt von den reichsten Geschäftsleuten der Welt beherrscht. (...) Du kannst dir gar nicht vorstellen, wie viele Angebote ich von Geschäftsleuten bekommen habe, die sich von dir porträtieren lassen wollen. Wir sind in die Epoche der Hofmalerei des Ancien Régime zurückgefallen.»[16]

Nachdem «Karte und Gebiet» erschienen war, trat der reale Michel Houellebecq als Künstler in Erscheinung. Er hatte sich immer für die Kunstwelt interessiert und war seit seinen Anfängen als Schriftsteller auch hier zu Hause gewesen. Als er Anfang der neunziger Jahre im Kunstbuchverlag La Différence veröffentlichte, machte er die Bekanntschaft mit vielen Pariser Künstlern, auch Nicolas Bourriaud, mit dem er gemeinsam die Zeitschrift «Revue Perpendiculaire» gegründet hatte, war Kunstkritiker. 1995 schrieb Houellebecq für die Zeitschrift «Les Inrockuptibles» einen Artikel, in dem er, nachdem er sich eine Reihe von Kunsthochschulen angesehen hatte, hin und her gerissen feststellte: «Die zeitgenössische Kunst deprimiert mich; aber ich bin mir bewusst, dass sie bei weitem den besten Kommentar zur Lage der Dinge darstellt.»[17] Außerdem war bekannt, dass der Autor selbst fotografiert und diese Fotografien beim Schreiben verwendet. Schon bei der Arbeit an «Ausweitung der Kampfzone» gehörte dies zu seinen Techniken, genauso wie bei «Die Möglichkeit einer Insel» und später bei «Unterwerfung». Die Erzählung «Lanzarote» erschien sogar in einer Luxusedition, die neben dem Text einen extra Fotoband mit Bildern enthielt, die Michel Houellebecq auf der Insel gemacht hatte.

Dabei ging es nicht darum, in den Texten jene Orte oder Landschaften zu beschreiben, die er fotografiert hatte. Es ging darum, die Orte beim Schreiben zu betrachten, um sich besser vorstellen zu können, wie seine literarischen Figuren sich darin bewegten.[18]

Nun eroberte Michel Houellebecq auch noch als Künstler eine der großen Pariser Kunstinstitutionen, den «Palais de Tokyo». 2016 waren dort seine Fotos in der großen «Rester vivant»-Ausstellung zu sehen. Bilder, die Houellebecqs Blick auf Frankreich offenbarten: Mautstellen, Feriensiedlungen, menschenleere Vorstädte, aussterbende Industriequartiere, Parkplätze von Supermarktketten, Schnellstraßenabzweigungen, Paris bei Nacht. «Europe» stand in verwitterten Buchstaben aus Beton vor dem Parkplatz eines Supermarkts, den der Autor 1994 in Calais fotografiert hatte. Bilder, die sein Verhältnis zu Frauen dokumentierten und an Esther aus «Die Möglichkeit einer Insel» und Valérie aus «Plattform» denken ließen. Und solche, die im persönlichsten, autobiographischsten Raum der Ausstellung an seinen inzwischen verstorbenen Hund Clément erinnerten, einen Welsh Corgi Pembroke. Neben ihnen waren Zeichnungen des Hundes zu sehen, die Houellebecqs Exfrau Marie-Pierre Gauthier angefertigt hatte. Cléments Hundespielzeug wurde ausgestellt – und im Hintergrund sang Iggy Pop vom Tonband «A Machine For Loving».

Fast gleichzeitig hatte der Künstler Christian Jankowski, Kurator der «Manifesta» in Zürich, sich den genialen Scherz erlaubt, Houellebecq nach einem Vorwort zum «Manifesta»-Katalog zu fragen: «Ich dachte, vielleicht könnte der Autor diesen Text, der in ‹Karte und Gebiet› selbst nicht vorkommt, für uns schreiben.»[19] Der Direktor des «Palais de Tokyo», Jean de Loisy, vermittelte und meldete sich bei Jankowski mit der Nachricht: Houellebecq habe einen bedeutsamen Traum gehabt. Und zwar: von Zürich! Er wolle teilnehmen, aber nicht als Katalogautor, sondern als Künstler. Die «Manifesta» von 2016 widmete sich Berufen, das war die Verbindung zur Romanfigur Jed Martin mit seiner «Serie einfacher Berufe». Houellebecq ließ sich nun vom Zürcher Internisten Henry Perschak, Chefarzt der Privatklinik Hirslanden, medizinisch untersuchen und gab die Ergebnisse anschließend zur Ausstellung frei.

Es gibt ein Foto, das den Künstler Michel Houellebecq beim Besuch jenes Arztes zeigt. Lächelnd sitzt der grauhaarige ältere Herr im weißen Kittel vor den Bildschirmen, die die Befunde zeigen. Neben ihm der Patient Michel Houellebecq, auch er lächelnd, im blauen Parka. Gemalt könnte es ein Bild aus Jed Martins Arbeitsserie sein. «Michel Houellebecq, Schriftsteller», das verschwundene Porträt aus dem Roman, zeigt den Autor in einer Art Trancezustand und mit diabolischem Blick, während er

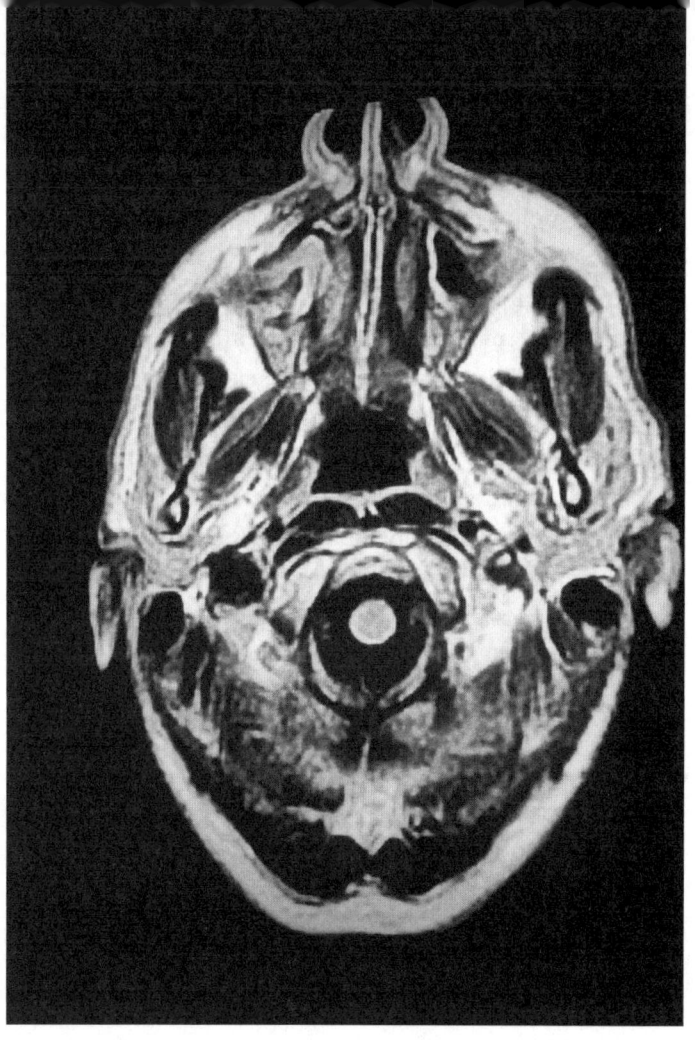

Eine Reise ins Innere seines Gehirns:
Wir dürfen uns Michel Houellebecq
als gesunden Mann vorstellen.
«Selbstdurchleuchtung», ein Bild
aus der Ausstellung im «Palais de
Tokyo» in Paris (2016).

eine Korrektur an einem Manuskript vornimmt, dessen Seiten vor ihm ausgebreitet auf dem Tisch liegen.

Das Gemälde taucht am Ende von «Karte und Gebiet» wieder auf und wird an den Künstler zurückgegeben. Der platziert es auf einer Staffelei mitten im Raum: «Auch wenn er das Bild nicht mehr ertragen konnte, war es doch unbestreitbar ein äußerst gelungenes Gemälde; der lebendige Eindruck, den der Schriftsteller vermittelte, war geradezu verblüffend (...). Dass das Bild inzwischen einen Wert von zwölf Millionen Euro besaß, das war natürlich eine ganz andere Sache, zu der er bisher jeden Kommentar verweigert hatte, bis auf einmal, als er einem besonders aufdringlichen Journalisten gesagt hatte: ‹Man sollte keinen Sinn in Dingen suchen, die keinen haben›, womit er sich, ohne sich dessen wirklich bewusst zu sein, die Schlussfolgerung von Wittgensteins ‹Tractatus› zu eigen machte: ‹Wovon man nicht sprechen kann, darüber muss man schweigen.›»[20] Schweigen oder einen Roman schreiben, möchte man ergänzen: «Karte und Gebiet».

Michel Houellebecq hat im Jahr 2017 einen Essay über Schopenhauer veröffentlicht, den er, als er sechsundzwanzig Jahre alt war und sich eigentlich schon als «fertigen» Leser betrachtete, in einer öffentlichen Bibliothek entdeckt hatte und seither verehrte. Die Lektüre von Schopenhauers «Aphorismen zur Lebensweisheit» aber habe sein ganzes festgefügtes Denkgebäude «innerhalb von Minuten» zum Einsturz gebracht. Im Anschluss an diese im Grunde zufällige literarische Begegnung beginnt Houellebecq, ganz Paris nach einem Exemplar von «Die

Welt als Wille und Vorstellung» abzusuchen, das zu diesem Zeitpunkt nur antiquarisch erhältlich ist. «Da waren wir in Paris, einer der bedeutendsten europäischen Hauptstädte, und das wichtigste Buch der Welt wurde nicht einmal nachgedruckt!» Als er den Text schließlich in den Händen hält, krempelt die Lektüre sein Leben vollends um.[21]

Houellebecqs Schopenhauer-Buch lässt sich als kleine Anthologie lesen, die dazu einlädt, sich mit einem Denken zu beschäftigen, das im Verlauf des 20. Jahrhunderts in Vergessenheit geraten ist. Zugleich ist es aber auch ein philosophisch-poetologischer Kommentar zu seinem eigenen Werk und ein Buch über Kunst: «Die heutige Massenkunst generiert beträchtliche Finanzströme, was durchaus amüsante Auswirkungen hat», heißt es an einer Stelle. «Das ambitionierte, aktive und netzwerkende Individuum, das darauf aus ist, in der Kunstszene *Karriere zu machen*, wird sein Ziel so gut wie nie erreichen. Den Sieg tragen nahezu antriebslose, zum *loser* geborene Nieten davon. Auch die Verleger (oder Produzenten oder Galeristen oder sonstigen unverzichtbaren Vermittler), die einen Künstler an sich gebunden haben und sich dieser vorangehenden Wahrheiten vage bewusst sind, befällt daher, wann immer sie an ihn denken, eine Art ängstlicher Unruhe. Wie kann man sich sicher sein, dass er auch weiterhin produzieren wird?»[22]

Er kommt damit auf etwas zurück, was sein ganzes Werk durchzieht und auch in «Karte und Gebiet» präsent ist: jene Mittelmäßigkeit, die er als den Grundzug der

Gegenwartskultur ausmacht. Sie ist dem System der großflächigen Kultursteuerung und -verwertung immanent. Ob auf dem Kunstmarkt oder in der intellektuellen Welt, in der Hauptsache gehe es darum, Netzwerke zu organisieren, Karrieren zu lancieren, Definitionsmacht zu gewinnen, Posten zu besetzen. Mit der Produktion von Ideen, Werken und Theorien, die für sich selbst stehen, haben die entsprechenden Aktivitäten nichts zu tun. Deswegen tragen den Sieg dort aber auch jene «Loser» davon, die das Vermögen zur «passiven und gleichsam gefühllosen Betrachtung» haben. Was er dagegenstellt und selbst künstlerisch anstrebt, ist der Ethos der ästhetischen Betrachtung: Mit Schopenhauer geht es darum, der Welt in ihrer Grausamkeit und tragikomischen Absurdität mit interesselosem Gleichmut zu begegnen, Schmerz und Leiden nach Möglichkeit zu minimieren, der Sphäre des Willens oder dem, was ein anderer Schopenhauer-Verehrer einmal «die Totschlägerreihe» genannt hat, durch willensfreie ästhetische Anschauung zu entkommen, «durch die ruhige», wie Houellebecq formuliert, «von aller Reflexion und aller Begierde losgelöste Betrachtung der Dinge der Welt in ihrer Gesamtheit».[23] Das Wesentliche der Kunst bestehe darin, «dass der Künstler sich im Gegensatz zu den gewöhnlichen Menschen die Gabe der reinen, unverdorbenen Beobachtung erhalten hat, wie sie einem sonst nur in der Kindheit, im Wahn oder als Gegenstand von Träumen begegnet».[24]

Der Visionär

Der 7. Januar 2015 ist der erste Tag, an dem Michel Houellebecqs neuer Roman «Unterwerfung» in den französischen
Buchhandlungen liegt. Gegen halb eins mittags überquert
seine Verlegerin Teresa Cremisi in Paris den Boulevard
Saint-Germain, als sie auf ihrem Handy erste Kurznach-
richten sieht, in denen von einem Attentat in der Redaktion der französischen Satirezeitschrift «Charlie Hebdo»
die Rede ist. Cremisi erreicht den Verlag an der Place de
l'Odéon, schaltet sofort das Radio ein und versucht, Michel Houellebecq anzurufen, der aber nicht rangeht. Sie
beschließt, sich mit zwei Mitarbeitern ein Taxi zu nehmen
und zu ihm nach Hause zu fahren, ins 8. Arrondissement.
Noch ist nicht ganz klar, was bei «Charlie Hebdo» passiert
ist, ob Houellebecq zu Hause ist, weiß sie auch nicht. Aber
sie will nicht, dass er alleine ist, und sie will auch dafür
sorgen, dass er seine Wohnung nicht verlässt. Sie versucht
zweimal, Bernard Maris anzurufen, den Freund Houellebecqs, Kolumnist bei «Charlie Hebdo». Auch er geht nicht
an sein Handy. Sie spricht ihm zweimal auf die Mailbox.[1]
Es sind Nachrichten, die Bernard Maris nicht mehr hören
wird: Er gehört zu den zwölf Menschen, die an diesem Tag
von islamistischen Terroristen erschossen worden sind.

Die Redaktionsadresse von «Charlie Hebdo» in der Rue Nicolas Appert im 11. Arrondissement hatte eigentlich geheim bleiben sollen. Das Satiremagazin, das politisch links ist und sich in der Tradition des Antiklerikalismus sieht, sich also über alle Religionen lustig macht (der deutsche Papst Benedikt war immer ein dankbares Sujet für die Zeichner), wollte sich nie damit abfinden, dass Mohammed und der Islam von Karikaturen und Satire ausgenommen sein sollten. «Charlie Hebdo» gehörte zu den wenigen Zeitschriften, die 2006 die Mohammed-Karikaturen aus der dänischen «Jyllands-Posten» nachdruckten und ihnen ein Sonderheft widmeten. Der Dachverband französischer Muslime (CFCM) klagte dagegen, vor Gericht aber wurde «Charlie Hebdo» freigesprochen. Am 2. November 2011 brannte das Redaktionsgebäude am Boulevard Davout in Paris nach einem Anschlag aus. Der Angriff wurde mit einer Mohammed-Karikatur auf der Titelseite in Zusammenhang gebracht, aber nie vollständig aufgeklärt. Immer wieder gab es auch Hackerangriffe. Die Redaktion zog um, zunächst an den Autobahnring von Paris, dann mietete sie in der Rue Nicolas Appert wieder ein zentraler gelegenes Büro an, stand aber noch immer unter Polizeischutz.

Am Morgen des 7. Januar stand jedoch kein Polizeiwagen vor der Tür. Die Polizei hatte eine dynamische Überwachung zum Schutz des Chefredakteurs angeordnet, jede halbe Stunde fuhr ein Streifenwagen durch die Straße. Um 11.20 Uhr hielt ein schwarzer Citroën C3 mit verdunkelten Scheiben. Zwei maskierte und mit Kalaschnikows bewaffnete Männer stiegen aus. Sie trugen ihre Gewehre auf Brusthöhe wie Soldaten eines Sondereinsatzkommandos, am Körper kugelsichere Westen. Die Redaktion von «Charlie Hebdo» konferierte wie jeden Mittwoch seit zehn Uhr. Ganz links am großen, eckigen Konferenztisch saß Stéphane Charbonnier, genannt «Charb», neben ihm der Cartoonist Laurent Sourisseau. Auch Charbonniers Leibwächter, Franck Brinsolaro, saß im Raum, genauso wie ein Gast der Redaktion, der Journalist und Lokalpolitiker Michel Renaud. Jemand hatte Kuchen gekauft, der Zeichner Luz hatte Geburtstag, doch war er spät dran. Wenige Minuten zuvor hatte Philippe Honoré seine letzte Zeichnung über Twitter verbreitet: Abu Bakr al-Bagdadi, der selbst ernannte Kalif des «Islamischen Staats», wünscht seinen Anhängern zu Neujahr «vor allem anderen Gesundheit».[2]

In ihrer Kampfmontur stürmten die beiden Männer auf das Haus zu, das zwei Aufgänge hatte: Nummer 10 und Nummer 6, einige Meter weiter rechts. Sie nahmen den falschen Aufgang, liefen die Treppen hoch und passten die Postbotin ab, um in die Büros zu gelangen. Dort hatte die Medienagentur Bayoo ihren Sitz. Yve Cresson, ein Mitarbeiter der Agentur, gab später zu Protokoll, dass die beiden Männer nach der Redaktion von «Charlie Hebdo» fragten und zwei Schüsse abfeuerten. Eine Kugel durchschlug eine Fensterscheibe. Die Täter liefen die Treppen hinunter, zurück zu ihrem eigentlichen Ziel. Die Cartoonistin Corinne Rey, genannt Coco, wollte gerade in das Gebäude. Mit vorgehaltener Waffe zwangen die Männer sie, den Sicherheitscode für die Eingangstür einzugeben.

Beide sprachen fließend Französisch. Einer sagte, er käme von Al-Qaida im Jemen.

Sie stürmten in die Büroräume von «Charlie Hebdo» im zweiten Stock. Auf dem Weg erschossen sie den Hausmeister Frédéric Boisseau. In der Redaktion angekommen – so haben es später die Gerichtsreporterin von «Charlie Hebdo», Sigolène Vinson, und der Journalist Laurent Léger berichtet, trafen die Attentäter zuerst auf Simon Fieschi, den Webmaster. Sie schossen ihm sofort zwei Kugeln in Schulter und Lunge. Er überlebte schwer verletzt. Als die Männer den Konferenzraum betraten, schrien sie zuerst «Allahu Akbar», dann den Namen des Chefredakteurs: «Wo ist Charb?» Sie fanden Charbonnier auf dem Boden und erschossen erst ihn und dann die anderen Redaktionsmitglieder, einen nach dem anderen mit gezielten Schüssen. Sie töteten Philippe Honoré, den Cartoonisten Bernard Verlhac, genannt Tignous, den Zeichner Jean Cabut, genannt Cabu, den Redaktionsmitarbeiter Mustapha Ourrad, den Zeichner George Wolinski, den Leibwächter Franck Brinsolaro, den Lokalpolitiker und Journalisten Michel Renaud, die Psychoanalytikerin Elsa Cayat und den Ökonomen und Freund von Michel Houellebecq Bernhard Maris, der die Zeitschrift auch als Aktionär unterstützte. Sein letztes Buch: eine Schrift über Houellebecq als Kritiker des Kapitalismus. Bis auf die Schüsse soll es still gewesen sein im Raum, keiner schrie.

Wieder draußen entkamen die Attentäter einer Polizeistreife, auf dem Boulevard Richard Lenoir trafen sie außerdem auf den Polizisten Ahmed Merabet, der mit dem

Fahrrad unterwegs gewesen und über Funk kontaktiert worden war. Wie die Täter, die sich als die Brüder Chérif und Saïd Kouachi herausstellen sollten, war Merabet Sohn algerischer Einwanderer. In einem Video, das vom Wohnhaus gegenüber aufgenommen wurde, sieht man, wie sie auf den am Boden liegenden Polizisten zugingen. «Willst du uns töten?», fragte einer. «Nein, ist schon gut, Chef», antwortete Merabet. Dann schoss ihm einer der beiden in den Kopf. Merabet war das zwölfte Opfer binnen weniger Minuten. Es war der schwerste Terroranschlag seit langem in Westeuropa – ein Anschlag auch auf die Meinungs- und Pressefreiheit und damit auf die westlichen Werte.

Am Tag des Attentats, als «Unterwerfung» erschien, lag am Kiosk auch die neue Ausgabe von «Charlie Hebdo». Auf dem Cover: eine Karikatur des Zeichners Luz, die Houellebecq mit halb geschlossenen Augen, Riesennase, blauem Zauberhut und zwei Sprechblasen zeigte, die aus seinem Mund kamen: «2015 verliere ich meine Zähne» und «2022 mache ich Ramadan». Als Titel stand darüber in großen Buchstaben «Les prédictions du mage Houellebecq», «Die Vorhersagen des Magiers Houellebecq». In derselben Ausgabe war eine Karikatur von Charbonnier mit der Überschrift «Noch keine Attentate in Frankreich» zu finden und die gezeichnete Antwort eines bewaffneten Islamisten: «Warten Sie ab. Man hat bis Ende Januar Zeit, seine Festtagsgrüße auszurichten.» Und Bernard Maris hatte in der Ausgabe einen Essay über «Unterwerfung» geschrieben, jenen Roman, in dem 2022 ein Muslim in den Élysée-Palast einzieht, woraufhin das gesamte französische Establishment zum Islam konvertiert.

Schon vor dem Anschlag war «Unterwerfung» im französischen Fernsehen als «islamophob» kritisiert worden. Laurent Joffrin, Chef der Zeitung «Libération», die dem Buchereignis fünf Seiten widmete, hatte erklärt, warum die Lektüre bei ihm ein «Unbehagen» auslöste: «Das Erscheinen von ‹Soumission› ist nicht nur ein literarisches Ereignis, das allein mit ästhetischen Kriterien bewertet werden kann. Nolens volens hat dieser Roman eindeutig eine politische Resonanz. (…) Er markiert in der Geistesgeschichte das Datum, an dem die Ideen der extremen Rechten – wieder – in die hohe Literatur eingedrungen sind.» Für Marc Weitzmann von «Le Monde» war «Soumission» zugleich der unverhohlen reaktionärste und literarisch schwächste Roman von Houellebecq, wie er am 6. Januar in einem Artikel mit der Überschrift «Toxicité de Houellebecq» schrieb. Die deutschen «Tagesthemen» berichteten vorab, Houellebecq entwerfe in seinem Roman das «Schreckensszenario» einer islamischen Herrschaft über Frankreich. Die Zeit des Gewinners war eindeutig vorbei.

«Wenn man ein Buch herausbringt», sagt Teresa Cremisi rückblickend, «weiß man nie ganz genau, was mit ihm geschehen wird. In den Medien ist von einem visionären Schriftsteller die Rede, und dann wird seine Vision plötzlich ‹diabolisch› genannt; er ist nicht mehr nur derjenige, der die Katastrophe erahnt hat, er wird mit einem Mal auch zu dem, der die Katastrophe provoziert hat.»[3]

Das Cover der «Charlie Hebdo»-Ausgabe,
die am 7. Januar 2015, dem Tag des
Attentats, erschien.

Michel Houellebecq zog sich nach dem Attentat sofort zurück, sagte alle Marketingauftritte ab und ließ ausrichten, dass er Paris verlasse. Vor seiner Abreise gewährte er dem französischen Privatsender «Canal plus» (und nur dem) ein kurzes Interview, das einen Tag nach dem «Charlie Hebdo»-Attentat, am Donnerstag, den 8. Januar 2015, für die Talkshow «Le Grand Journal» aufgezeichnet wurde.

Die Täter waren zu diesem Zeitpunkt noch auf der Flucht, und die Anschläge gingen weiter: Am Donnerstagmorgen wurde in Montrouge, im Süden von Paris, die sechsundzwanzigjährige Polizistin Clarissa Jean-Philippe mit einer Kalaschnikow erschossen und ein Straßenreiniger durch einen Pistolenschuss schwer verletzt. Der Täter, Amedy Coulibaly, der Polizei als Mitglied einer Gruppe namens «Dschihadisten von Buttes-Chaumont» bekannt, unterhielt auch Verbindungen zu den Brüdern Kouachi. Am Freitag verübte er gegen 13 Uhr einen weiteren Anschlag auf einen koscheren Supermarkt an der Porte de Vincennes im Osten von Paris und nahm mehrere Geiseln. Coulibaly forderte freien Abzug für die Kouachi-Brüder und drohte bei einem Polizeieinsatz mit der Tötung der Geiseln.

«Guten Abend, Michel Houellebecq», begrüßte im «Canal plus»-Interview, das elf Minuten dauerte, der fernsehgutgelaunte Journalist Antoine de Caunes sein Gegenüber. «Zunächst möchte ich gerne wissen, sind auch Sie heute ‹Charlie›?» – «Ja», antwortete Houellebecq, «es ist das erste Mal in meinem Leben, dass jemand, den ich sehr gemocht habe, ermordet worden ist ...» Der Wirtschaftswissenschaftler Bernard Maris? «Ja, wir beide sollten Ende März an einer Debatte teilnehmen. Er schrieb an einem Buch über Frankreich, ‹Das süße und das bittere Frankreich›. Ich hoffe ...» – Michel Houellebecq schluckte, sein Kinn zitterte, er versuchte, die Fassung nicht zu verlieren, seine Stimme versagte, mehrmals musste er sich räuspern, biss sich auf den Daumen – und erst dann konnte er mit rauer Stimme weitersprechen. Er hoffe, das Buch sei weit genug gediehen, um es veröffentlichen zu können.

Es war ein besonderer Moment. So bewegt hatte Houellebecq sich der Öffentlichkeit noch nie gezeigt. In den Minuten, die folgten, wirkte er gefasster, verzichtete im Gespräch aber auf jede Ironie. Der Journalist sagte, «Charlie Hebdo» sei immer ein provozierendes Medium gewesen, und Houellebecq gelte als literarischer Provokateur, ob es da Berührungspunkte gebe. «Ja, die Freiheit. Es geht vor allem um Freiheit. Freiheit ist oft provozierend. Ohne eine Dosis Provokation geht sie nicht», so Houellebecq. Er wolle sich auch nicht sagen lassen, okay, Sie sind frei, aber verhalten Sie sich verantwortungsbewusst. Es gebe keine Grenzen in der Freiheit, sich auszudrücken. Er habe im Übrigen auch nicht den Eindruck, dass sein Roman in der aktuellen Stimmung zur Islamophobie beitrage, weil sein Buch überhaupt nicht islamfeindlich sei. Das dürfe sogar bei unaufmerksamer Lektüre deutlich werden. Muslime hätten ihm gesagt: «Das schockiert mich nicht, warum auch?» Alles andere würde er bedauern.

Frankreichs damaliger Premierminister Manuel Valls hatte am Tag, an dem Michel Houellebecq das Interview gab, auf den Terroranschlag reagiert. Er hatte das Attentat gegenüber RTL «abscheulich» genannt, es müssten daraus «alle Konsequenzen gezogen werden». Und er hatte noch einen Satz gesagt, der daraufhin überall zitiert wurde: «Nein, Frankreich, das ist nicht die Unterwerfung, Frankreich, das ist nicht Michel Houellebecq, es ist nicht Intoleranz, Hass und Angst.» Welcher der Kommentare ihn am meisten treffe, wurde Houellebecq nun auf «Canal plus» gefragt. Dieser Satz von Manuel Valls, die Äußerung von Marine Le Pen: «Diese Fiktion könnte eines Tages Wirklichkeit werden», oder die des Moderators Ali Baddou, der am 5. Januar in einer Sendung auf «Canal plus» gesagt hatte: «Dieses Buch kotzt mich an.» Michel Houellebecq zögerte. «Vielleicht die von Ali Baddou», sagte er dann. «Es war nicht meine Absicht, ihn persönlich zu verärgern.»[4]

Dann verschwand er aus dem Blickfeld der französischen Öffentlichkeit und tauchte zehn Tage später in Deutschland wieder auf. Er habe eine sehr ernste Seite, und die Deutschen hätten ihm stets die Möglichkeit gegeben, diese zum Ausdruck zu bringen; «La *Kultur*» habe ihm immer gutgetan, sagte er einmal bei anderer Gelegenheit.[5] Aber auch in Köln war man sich nicht sicher, ob er wirklich kommen und auftreten würde. Alle waren angereist: die Fans für eine restlos ausverkaufte Veranstaltung, das deutsche Feuilleton, die Presse aus Frankreich. Der Dumont-Verlag hatte extra fünfzehn Sicherheitsleute bestellt, und in der Nähe des Schauspiels Köln, wo Houellebecq am Abend des 19. Januar gemeinsam mit dem Journalisten Nils Minkmar und dem Schauspieler Robert Dölle auftreten sollte, parkte ein Polizeiwagen. Von «Unterwerfung» waren – allein in der deutschen Übersetzung – zu diesem Zeitpunkt bereits 150 000 Exemplare ausgeliefert worden und weitere 120 000 in Druck gegangen.

Houellebecq kam tatsächlich. Er sei in der Kulisse des Theaters beinahe nicht zu ihm durchgekommen, weil die Sicherheitsleute eine letzte Tür bewachten und niemanden mehr rein- oder rauslassen wollten, hat der Moderator des Abends, Nils Minkmar, später erzählt. «Ist Ihnen eigentlich klar, was für einen großen Sieg die Islamisten errungen haben?», murmelte Houellebecq dann schließlich in seinen Parka hinein. Es habe viele mögliche Anschlagsziele in Frankreich gegeben, eine ganze Liste davon, aber «Charlie Hebdo» habe seit Jahren ganz oben gestanden. Weil Polizisten unter den Opfern seien, mache nun niemand der Polizei einen Vorwurf. Nicht die Attentate, auch nicht sein Buch hätten ihn in die unbequeme Lage bringen können, in der er nun sei, wohl aber die Kombination aus beidem, die Abfolge. «Ohne die Attentate wäre der Roman als der leicht paranoide Versuch gedeutet worden, einem radikalen Werk noch eine weitere, aufklärungskritische Volte zu geben. Nun aber war alles anders, denn offensichtlich hatte der Schriftsteller mit seinem einmaligen Sensorium ein deutlicheres, auch erschreckenderes Bild von der französischen Gegenwart als die Regierung des Landes und viele Journalisten.»[6]

Als Michel Houellebecq auf die Bühne kam, las er als

Erstes eine Erklärung vor, die er auf einem Zettel notiert hatte: Die Demonstrationen nach den Attentaten (Hunderttausende waren mit der Parole «Je suis Charlie» auf die Straße gegangen) hätten der Welt gezeigt, dass Frankreich das Land der Meinungsfreiheit sei, hörte man ihn sagen. Und um die ginge es jetzt. «Der Staat muss uns schützen.» Den Menschen in Europa werde vorgehalten, keinen Heldenmut zu besitzen. «Ich weiß nicht, ob das so überzeugend ist, ich denke nicht, dass man ein Held sein muss, um heldenhaft zu handeln. Dazu muss man einfach nur ein Sturkopf sein, und das waren die Journalisten von Charlie Hebdo.» Dann beschrieb er eine Zeichnung, auf der einer der Karikaturisten inmitten von Maschinengewehrsalven, Blutlachen und Explosionen am Zeichentisch steht, darunter die Aufforderung: «Konzentriert euch!» Außerdem habe er schon zuvor betont, dass sein Buch nicht islamophob sei. «Jetzt wird es noch schwerer, weil ich dauernd zwei Dinge wiederholen muss: Erstens ist das Buch nicht islamophob. Und zweitens hat jeder das Recht, ein islamophobes Buch zu schreiben, wenn er das will.» Ein Satz, der in den darauffolgenden Tagen erwartungsgemäß überall zitiert wurde.

Im anschließenden Gespräch wurde er nach dem Erfolgsrezept des Front National gefragt und ob sein Buch nicht Marine Le Pen zuarbeite. Michel Houellebecq zündete sich eine Zigarette an. «Erstens ist mir das egal. Und zweitens hat noch nie jemand seine politische Meinung geändert, weil er ein Buch gelesen hat.» Was den Erfolg des Front National angehe, so glaube er, dass es gerade

**Michel Houellebecq mit dem Journalisten
Nils Minkmar bei seinem Auftritt im Januar
2015 in Köln.**

das Durcheinander von angstbesetzten Themen sei, das die Partei so anziehend mache: Einwanderung, Sicherheitspolitik, Globalisierung, Islam, EU. Die Wahlen von 2017 machten ihm jetzt schon Angst. Ein immer rechteres Frankreich laufe Gefahr, am Ende wieder mit einem sozialistischen Präsidenten dazustehen. «Das wird böse ausgehen.»[7]

Am darauffolgenden Tag, in den Räumen des Dumont-Verlags in Köln, wo Michel Houellebecq von seiner deutschen Verlegerin Sabine Cramer abgeschottet wurde, sprach er vor allem von Bernard Maris, bei dessen Beisetzung in Toulouse er gerade gewesen war. Während der ganzen Zeremonie hatte er in sich hineinschluchzen müssen. Er sprach leise, verhalten, freundlich und unterbrach seine Rede durch viel Schweigen. Man muss im Gespräch mit Michel Houellebecq die Stille aushalten können, die Ungewissheit, ob er noch etwas sagen möchte oder nicht. Dann kommt oft noch ein Satz, und manchmal noch einer: Am 7. Januar, sagte er, habe er gegen Mittag erfahren, dass es bei «Charlie Hebdo» einige Tote gegeben hatte. Aber er habe überhaupt nicht daran gedacht, dass sein Freund darunter sein könnte. Bernard Maris hatte eine Wirtschaftskolumne für die Zeitschrift geschrieben, in der nie vom Islam die Rede gewesen war. Er habe ihn gleich angerufen, um sicherzugehen, dass alles in Ordnung sei, ohne wirklich beunruhigt zu sein. Gegen vier Uhr nachmittags erfuhr er dann, dass Maris tot war. Und er selbst? Fühlte er sich auch bedroht? «Nicht so sehr, nein. Es gibt eine Todesliste. Al Qaida versteckt sich und seine Ziele ja nicht.

‹Charb›, der Chefredakteur von ‹Charlie Hebdo›, stand auf dieser Liste. Ich nicht, jedenfalls nicht, dass ich wüsste. Und dann gibt es die Juden, die immerzu Zielscheibe sind. Wie will man sie die ganze Zeit schützen? Es ist eine Niederlage inmitten eines langen Krieges.»[8]

Wovon genau erzählt «Unterwerfung»? Wenn man zurückblickt, ist es interessant zu sehen, dass die Mehrheit der Zusammenfassungen, die unmittelbar nach Erscheinen des Buches veröffentlicht wurden, mit dem Islam beginnen: «Soumission» erzähle von der Machtübernahme einer gemäßigt islamischen Partei und ihres Präsidentschaftskandidaten Mohammed Ben Abbes im Jahr 2022, woraufhin in Frankreich Polygamie, ein öffentliches Alkoholverbot, das Verbot freizügiger Frauenkleidung sowie ein muslimisches Schul- und Hochschulsystem eingeführt werden. Das stimmt. Darauf läuft der Roman hinaus. Doch beginnt er anders. Und es lohnt sich, die Polemiken und die politische Aufregung, die das Erscheinen des Romans begleitet haben, kurz zurückzustellen und noch einmal genau hinzusehen, um möglicherweise zu entdecken, was einem bei der ersten Lektüre entgangen sein könnte.

Dazu gehört zuallererst, dass die Hauptfigur diesmal nicht Michel heißt (obwohl sie den Michels der vorhergehenden Romane in vielem sehr ähnelt). Sie heißt François – was sie zum Inbegriff des Franzosen, der Semantik des Namens zufolge zum «kleinen Franzosen» macht. Dieser François arbeitet als Literaturwissenschaftler an der Sorbonne. Sein Spezialgebiet ist der Schriftsteller Joris-Karl Huysmans, ein Mann der Décadence des neunzehnten Jahrhunderts. Es ist Wahlkampf. Die Wahlen von 2017 liegen (im 2015 erschienenen Roman) fünf Jahre zurück. Wir erfahren, dass sich nach den letzten Präsidentschaftswahlen eine neue Partei gegründet hat, die Bruderschaft der Muslime, die auch bei Nicht-Muslimen Zustimmung findet und deren Umfragewerte mittlerweile bei 21 Prozent liegen. So stehen sich beim Fernsehduell im Jahr 2022 die Kandidatin des Front National und der Kandidat der Bruderschaft der Muslime gegenüber. Aber um die geht es zunächst nicht.

Es geht um François, der auf dem vierteljährlichen Cocktailempfang des «Journal des dix-neuvièmistes», einer Zeitschrift, die sich dem neunzehnten Jahrhundert verschrieben hat, in der Rue Chaptal im «Musée de la Vie romantique» eingeladen ist. Es ist ein milder Abend, die Doppeltüren zum Garten hin sind weit geöffnet, François nimmt sich ein Glas Champagner – und lernt Godefroy Lempereur kennen, einen jungen Mann mit kantigem Gesicht und sehr weißer Haut, blauem Blazer, Paris-Saint-Germain-Shirt, grellroten Turnschuhen, den eine «ziemlich verführerische Aura des *Rechtsintellektuellen*» umgibt: «Mir lag auf der Zunge, Lempereur zu fragen: ‹Sind Sie eher Katholik, eher Faschist oder eine Mischung aus beidem?›, aber ich hielt mich zurück, ich hatte lange nichts mehr mit Rechtsintellektuellen zu tun gehabt und wusste nicht mehr, wie man sie anpacken musste.»[9] Als sie dort auf dem Empfang stehen, sind aus der Ferne plötzlich

Schüsse zu hören, eine Rauchsäule steigt über den Häusern an der Place de Clichy auf, die – wie sie später sehen –, in Flammen aufgehen, mit Wracks ausgebrannter Autos davor. Merkwürdigerweise wird in den Medien über diese Ausschreitungen nicht berichtet. Lempereur macht raunende Andeutungen: «Meiner Meinung nach gibt es niemanden, der wissen kann, was in den nächsten Wochen passiert.»[10]

Dass die Anschläge auf die Bewegung der Identitären zurückgehen, der er einmal nahegestanden hat und die mit Gewalttaten wie diesen versucht, «einen Bürgerkrieg anzuzetteln», sagt Lempereur François selbst: «Stimmt, ich habe der Bewegung angehört, vor ein paar Jahren, als ich an meiner Doktorarbeit schrieb», und erklärt: Die Identitären Europas gingen davon aus, dass zwischen den Moslems und dem Rest der Bevölkerung früher oder später ein Bürgerkrieg ausbrechen müsse. Je eher es so weit sei, desto größer seien die Chancen, diesen Krieg zu gewinnen. Kurz darauf führt François ein Gespräch mit dem Ehemann einer Kollegin, der beim Inlandsgeheimdienst arbeitet und andeutet, was vor sich geht. Spätestens da wird ihm klar, dass Lempereur in der Bewegung eine tragende Rolle spielen musste: Lempereur, stellt François fest, «*wusste alles*».

Der Abend der Präsidentschaftswahlen kommt. Der Front National liegt mit über dreißig Prozent der Stimmen weit vorn. Die Bruderschaft der Muslime folgt an zweiter Stelle und liegt nur knapp vor den Sozialisten. Manuel Valls hält eine kurze, sehr nüchterne Ansprache. Ein Termin für die Stichwahl wird festgelegt, später wieder verschoben. Und François bemerkt, wie all das nicht spurlos an ihm vorübergeht: «Zum ersten Mal hatte ich das Gefühl, dass etwas passieren könnte, dass das politische System, in das ich seit meiner Kindheit hineingewachsen war und das seit einiger Zeit spürbare Risse bekam, mit einem Schlag zu zerspringen drohte.» Der Geheimdienstmann erklärt ihm, dass es der Bruderschaft der Muslime nicht um ökonomische Fragen ginge, sondern um Demographie und Bildung. Wer die Kinder unter Kontrolle habe, dem gehöre die Zukunft. Jedes französische Kind solle deshalb in der gesamten Schulzeit islamisch erzogen werden. Mädchen sollten nach der Grundschule eine Hauswirtschaftsschule besuchen und so schnell wie möglich heiraten. Die Polygamie solle anerkannt werden, und Saudi-Arabien habe sich schon bereit erklärt, die Sorbonne mit nahezu unbegrenzten Mitteln auszustatten.

Zur selben Zeit beginnen französische Juden, das Land zu verlassen. Auch François' junge Freundin Myriam, die Jüdin ist, beschließt, mit ihren Eltern nach Israel auszuwandern. «Wenn eine muslimische Partei an die Macht kommt, ist das für die Juden nie gut», erklärt sie ihm. Ihre Eltern seien überzeugt davon, dass den Juden in Frankreich Schlimmes bevorstehe. Auf den Straßen gibt es neue Zusammenstöße, Gruppen maskierter und bewaffneter Männer jagen umher. François flüchtet aufs Land und kommt an einer verwüsteten, mit Leichen übersäten Autobahnraststätte vorbei, darunter die Kassiererin der Tankstelle sowie zwei junge Nordafrikaner. Wahllokale werden attackiert, von den Identitären wie von jungen Dschihadisten. Dann schlägt eine Nachricht ein «wie ein Bombe»: «UMP, UDI und PS» – also die bürgerlichen Parteien Frankreichs, die einen gemeinsamen Gegner haben, nämlich den Front National um Marine Le Pen – «hatten sich darauf geeinigt, eine Regierungsvereinbarung für eine ‹erweiterte republikanische Front› zu unterzeichnen, und schlossen sich dem Kandidaten der Bruderschaft der Muslime an».[11]

Diese «Bombe» der Kollaboration ist für den Roman von entscheidender Bedeutung. Es geht nicht um den Islam. Es geht um diese Kollaboration, die in Frankreich immer auch das Vichy-Regime als Gespenst der Vergangenheit anklingen lässt. Es geht darum, «dass die aufgeklärte Demokratie keine Anhänger mehr hat».[12] Die entpolitisierten *citoyens* passen sich den islamischen Normen widerstandslos an, auch jene Linken, die eigentlich dagegen anreden müssten. Und das stärkt, wie François bemerkt, nur die Legitimität des neuen Regimes. «Die Bevölkerung nimmt die islamischen Gebote und Verbote genau so hin, wie sie bislang auch Quotenregelungen, Tabaksteuererhöhungen, Mülltrennungsgebote, die Privatisierung der öffentlichen Dienste oder die permanent aufgezwungenen Wechsel der Computer-Betriebssysteme hingenommen hat. Nichts an den neuen Verhältnissen ist bedrohlich, nichts illegal, und deshalb bedarf es auch keiner *Résistance.* Die Frage, wer für die alte laizistische Republik eigentlich kämpfen, wer womöglich sein Leben dafür aufs Spiel setzen würde, erfährt eine klare Antwort: Niemand!

Niemand hat der legalen Herrschaft etwas entgegenzusetzen.»[13] «Unterwerfung» ist deshalb ein französischer Zeit- und Gesellschaftsroman. Er handelt von der Auflösung der französischen Gegenwartsgesellschaft, deren Regeln und Lebensformen von ihren Subjekten nicht mehr aktiv getragen werden, «weil sie bei Houellebecq für die einzelnen arbiträr, wenn nicht: unerträglich geworden sind, und weil dieselbe Gesellschaft das Leben ihrer Mitglieder nur noch als sinn- und ziellosen individualistischen Konkurrenzkampf aller gegen alle organisiert».[14]

Dass Michel Houellebecq zu Beginn seiner Erzählung die gewaltsamen Übergriffe der identitären Bewegung mit der islamischen Machtübernahme zeitlich verschränkt und im Verlauf des Romans immer weiter in Beziehung setzt, ist dabei kein Zufall. Denn in seinem in die Zukunft verlagerten ökonomisch, politisch und spirituell erschöpften Frankreich der Gegenwart sind es auch die ehemaligen Anhänger der neofaschistischen Identitären, die zur neuen muslimischen Regierung überlaufen. Die Motive sind eindeutig. Sie haben die gleichen autoritären Ziele: die «Rückabwicklung der emanzipierten Moderne». Der Unterschied liegt nur in der Frage, ob mit der muslimischen Bevölkerung oder gegen sie. Und da die Neofaschisten wissen, dass man Frankreich nicht gegen die muslimischen Bürger regieren kann, wechseln sie als erzfranzösische Wendehälse lieber das Lager und versuchen, im neuen Regime Schlüsselpositionen einzunehmen.[15]

Das gilt etwa für den Generalsekretär der Muslimischen Partei Belgiens, der Mohammed Ben Abbes zum

Wahlsieg gratuliert: «Er war in der identitären Bewegung aktiv gewesen, in der er einen hohen Posten bekleidet hatte – ohne sich jemals durch deren offen neofaschistische Strömungen zu kompromittieren –, bevor er zum Islam konvertierte.»[16] Vor allem gilt dies aber für den charismatischen Robert Rediger, Präsident der islamisierten Universität Paris-Sorbonne: «Ich glaube, ich wusste seit ich fünfzehn war, dass die Rückkehr der Religion, von der man damals zu sprechen anfing, unvermeidlich war», sagt dieser in der Begegnung mit François. «Meine Familie war eher katholisch – nun, das lag eigentlich schon etwas länger zurück, es waren eigentlich meine Großeltern, die katholisch gewesen waren –, sodass ich mich naturgemäß zunächst dem Katholizismus zugewandt habe. Und von meinem ersten Studienjahr an habe ich mich der identitären Bewegung angenähert. (…) Ich habe aus den Aktivitäten in meiner Jugendzeit nie einen Hehl gemacht. Und meine neuen muslimischen Freunde haben nie auch nur daran gedacht, sie mir vorzuwerfen; es schien ihnen vollkommen normal, dass ich mich bei meiner Suche nach einem Weg, dem atheistischen Humanismus zu entkommen, als Erstes meiner eigenen abendländischen Tradition zuwandte.»[17]

Rediger ist es auch, der den titelgebenden Begriff der «Unterwerfung» ins Spiel bringt, in einem zunächst scheinbar ganz anderen Zusammenhang: Als François ihn zu Hause besucht (Rediger hat ihn eingeladen, um ihn zu überreden, weiter an der Uni zu unterrichten, was allerdings nur möglich wäre, wenn François zum Islam

203

konvertierte), lobt François das historische Stadtpalais, in dem Rediger wohnt. Der erzählt ihm, dass es ihn Jahre gekostet habe, dieses Haus zu bekommen und dass er es allein aus dem Grund habe besitzen wollen, weil Dominique Aury hier «Die Geschichte der O» geschrieben habe; oder zumindest habe in diesem Haus der Geliebte gelebt, um dessen Liebe willen sie das Buch geschrieben habe. François ist nicht unbedingt ein Fan der «Geschichte der O», jenes 1954 erschienenen erotischen Romans, der wegen seiner detaillierten Darstellung weiblicher Unterwerfung ein Skandal war und zu einem der bekanntesten sadomasochistischen Romane der Weltliteratur wurde. Er versteht den Zauber, der von dem Buch ausgeht, findet es aber ungeheuer kitschig, die Phantasien darin widern ihn an. Aber da ist Rediger schon bei etwas anderem und formuliert, was Michel Houellebecqs Roman insgesamt zum Thema macht: nämlich die Bereitschaft zur Unterwerfung, eine Mischung aus Verblendung und Opportunismus, die das Personal im Roman nahezu vollständig dazu führt, sich nun dem Propheten anzudienen:

«Es ist die Unterwerfung», sagt er ihm leise. «Der nie zuvor mit dieser Kraft zum Ausdruck gebrachte grandiose und zugleich einfache Gedanke, dass der Gipfel des menschlichen Glücks in der absoluten Unterwerfung besteht. Das ist ein Gedanke, bei dem ich zögere, ihn meinen Glaubensbrüdern ohne weiteres darzulegen, die ihn möglicherweise für blasphemisch halten könnten. Aber für mich besteht eine Verbindung zwischen der unbedingten Unterwerfung der Frau unter den Mann, wie sie in ‹Die Geschichte der O› beschrieben wird, und der Unterwerfung des Menschen unter Gott, wie sie der Islam anstrebt.»[18]

Das Thema von «Unterwerfung» ist deshalb nicht die Islamisierung des Westens. Es geht Michel Houellebecq nicht um innenpolitische Prognosen oder um die Frage der Integration von Muslimen in Frankreich. Der Islam, wie er im Roman auf den Plan tritt – das hat Clemens Pornschlegel in einer genauen Analyse gezeigt –, taucht dort nicht als «theologischer Fragekomplex oder als religionssoziologisches Objekt auf, also nicht als Frage nach der Konzeption des Göttlichen, der rituellen Glaubenspraxis, nach den unterschiedlichen Traditionen und Tendenzen, nach dem Sufismus oder der Kalám-Theologie etwa. Um die Realität des Islam in seinen unterschiedlichen theologischen Spielarten, geographisch-historischen Entwicklungen, Spaltungen, Herrschaftsformationen geht es nicht.»[19] «Unterwerfung» ist ein Roman über die gegenwärtige französische Gesellschaft. Und Houellebecq lässt den Islam dort als «Antwort auf die Selbstzerfleischung der liberalen, westlichen Gesellschaften» auftauchen, deren Glaube und Moral seiner Darstellung zufolge nur noch als ästhetizistisches Phänomen von Belang sind, das heißt, die dem freien, individualistischen Geschmacksurteil unterliegen und als sozial wirksame, lebendige Religion abgedankt haben. «Der Islam taucht in *Soumission*, anders gesagt, genauso auf, wie in *Elementarteilchen* die mystischen *Clifden Notes* und in der *Möglichkeit einer Insel* die Zukunfts-Kirche der *Elohimiten* aufgetaucht waren: nämlich als Religion, die jene fundamentale Mutation realisiert, die den Sinn für Kollektivität, geschichtliche Kontinuität und das Heilige wiederherstellt und damit dem auto-destruktiven Kriegszustand, in dem die westlichen Gesellschaften sich befinden», ein Ende setzt.[20]

In einem großen Essay in «Le Monde», der am 6. Januar 2015 erschien, hat der französische Schriftsteller Emmanuel Carrère, ein Bewunderer Houellebecqs, «Unterwerfung» mit zwei anderen Romanen verglichen: George Orwells «1984» und Aldous Huxleys «Schöne neue Welt». Mit Huxley teile er die Faszination für alles Religiöse, mit Orwell den Horror vor der politischen Korrektheit, schrieb Carrère.[21] Aber ganz genau stimmte das eigentlich nicht. Eine Zukunftsvision, die einen viel direkteren Bezug auf George Orwells «1984» nahm, war in Frankreich im September davor erschienen: Es war «2084», der Roman des algerischen Schriftstellers Boualem Sansal.[22] Er erzählt von Abistan, einem totalitären Reich, in dem individuelles Denken abgeschafft worden ist, eine Elite unter der Führung von Abi dem Entsandten die Ideen steuert und abweichendes Handeln unterbindet. Damit sich die Leute verzweifelt an ihren Glauben klammern, wird ein Heiliger Krieg nach dem anderen geführt. Überall im Roman gibt es Anspielungen auf Orwell, bis hin zur Einführung einer neuen offiziellen Sprache. «Abilang» heißt bei ihm das «Neusprech», das man aus «1984» kennt. Im Grunde ist «2084» wie ein Durchdeklinieren der Orwell'schen Logik unter islamistischen Vorzeichen.

Sansals «2084» ist die apokalyptische Vision einer islamistischen Diktatur und wie Orwells «1984» eine Dystopie. Genau das unterscheidet ihn von Houellebecq, der den Untergang in Form einer Mediensatire, eines Campusromans und Politthrillers erzählt, nicht aber in Form einer Dystopie, die genretypisch zum Widerstand gegen eine neue totalitäre Welt aufriefe. Sansal beschreibt eine mögliche Zukunft, Houellebecq die Gegenwart über den Umweg der Zukunft.

Im August 2015 erschien in Frankreich noch ein weiterer Roman, der sogar den «Prix Goncourt» gewinnen sollte: «Kompass» von Mathias Énard, der mit der jahrhundertealten Passion des Westens für die orientalische Kultur die Vergangenheit beschwor. Ein Wiener Musikwissenschaftler kann darin nicht schlafen und erinnert sich anhand von Büchern und Melodien an seine Reisen durch den Orient. Wie der Okzident vom Orient kulturell durchdrungen ist, das ist Énards Thema. Es ist die Beschwörung eines Bildungsschatzes, den er der Gegenwart entgegensetzen will, ohne von ihr zu erzählen.[23]

Drei Autoren mit drei Visionen also, die sich öffentlich aufeinander bezogen: Als Michel Houellebecq im französischen Fernsehen gefragt wurde, ob er in «Unterwerfung» zu weit gegangen sei, verwies er selbst auf Boualem Sansal: In «2084» sei alles noch viel schlimmer. Verglichen mit dem islamischen Regime von Sansal, in dem die Extremisten gesiegt hätten, sei das in «Unterwerfung» geradezu sanft. Sansal wiederum erläuterte in einem Gespräch mit dem Deutschlandfunk aus seiner algerischen Perspektive, warum in seinem Roman der Islam nicht auf demokratische Weise an die Macht kommt: «Bei Houellebecq beeinflussen die Islamisten nach der Machtübernahme das Verhalten der Menschen. Aber den Radikalen geht es nicht um so eine ‹freundliche Übernahme›. Sie wollen den wahren Sieg, eine gewaltsame, revolutionäre Veränderung.» Mathias Énard wiederum erklärte in einem Interview: «Wenn es in ‹Kompass› eine politische Botschaft gibt, dann diese: Attention! Man stellt sich die arabische Welt heute meist als einen Hort des Terrorismus und Salafismus vor, von dem man nur Gewalt erwartet. Aber ‹Kompass› zeigt genau das Gegenteil, es zeigt, dass der Nahe Osten über große kulturelle Schätze verfügt, über eine enorme Vielfalt, der wir in Europa viel verdanken. In diesem Sinne ist der Roman tatsächlich ein Anti-Houellebecq. Seine Vision des Islam und der Muslime ist ja eine Farce, zum Lachen! Sie ist so karikaturenhaft und idiotisch, dass man sie unmöglich ernst nehmen kann.»[24] Dass Houellebecq, anders als er selbst, es möglicherweise gar nicht anstrebte, eine Realität des Islam und der Muslime darzustellen, zog Énard nicht in Betracht.

Es gehe ihm nicht zwangsläufig darum, dass das, was er über die Zukunft schreibe, glaubwürdig sei, sondern dass es Tendenzen der Gegenwart zutage fördere, sagt Michel Houellebecq im Gespräch und erzählt, dass er auch andere Tendenzen hätte herausarbeiten können. Beinahe hätte er es getan: «Es gibt diese bürgerkriegsähnliche Situation im Roman, die Place de Clichy steht in Flammen. Die rechte Bewegung der Identitären hat aber keinen Zugriff auf die

Armee. Sie ist nicht übermäßig bewaffnet. In einer anderen Fassung wollte ich, dass der Erzähler in der Provinz nicht auf den Geheimdienstmitarbeiter trifft, sondern auf einen Identitären. Der sollte ihm eine Militärbasis zeigen. Am Ende habe ich das aber so nicht geschrieben, weil er von einem russischen Oligarchen finanziert werden sollte und ich keinen russischen Oligarchen gefunden habe für meine Recherche. Es wäre viel gewalttätiger geworden, ein richtiger Bürgerkrieg. Für völlig abwegig halte ich so ein Szenario nicht.»[25]

Dass er ein für die nahe Zukunft Frankreichs eher unwahrscheinliches Szenario gewählt hat – tatsächlich geht ja niemand davon aus, dass in Frankreich demnächst ein muslimisches Regime gewählt werden könnte –, hat ihm ausgerechnet einer seiner engsten Begleiter zum Vorwurf gemacht: der Journalist und Autor Sylvain Bourmeau, der Houellebecqs Werk lange Jahre in der französischen Zeitschrift «Les Inrockuptibles» und später in «Libération» besprochen hat. «Es gibt eine Sache, die ich mir nicht erklären kann und die ich ihm vor allem vorwerfe», hat Bourmeau gesagt. «Und das ist die Ausgangshypothese, dass eine muslimische Partei bei den Präsidentschaftswahlen in Frankreich siegen könnte. Ich verstehe das Erkenntnisinteresse dieser Annahme nicht. Wenn Michel einen Roman geschrieben hätte, in dem anstelle der muslimischen Partei der Front National gestanden hätte, hätte man über diese oder jene Weise, sich dies vorzustellen, diskutieren können. Und selbst wenn der Roman dabei den Eindruck vermittelt hätte, gegenüber dem Front National nicht kritisch genug zu sein, denke ich aufrichtig, dass mich das weniger gestört hätte, als sich etwas vorzustellen, von dem man weiß, dass es angesichts des gegenwärtigen Horizonts völlig unmöglich ist. Oder noch eine andere Möglichkeit: Er hätte seine Handlung ins Jahr 2060 legen können, da hätte ihm keiner kommen können. Aber so gibt es da etwas Perverses, das mich stört: Wenn man einen Text, den man als islamophil lesen kann (der Islam im Roman macht keine Angst), in einem Dispositiv der Angst ansiedelt (die Hypothese des Romans versetzt den Leser in eine bedrohliche Umgebung), produziert dieser Text Islamophobie.»[26]

Houellebecq hat sich von diesem Vorwurf getroffen gezeigt. Die Verrisse und Vorwürfe, die das Erscheinen des Buchs begleiteten und ihm vorausgingen, waren das eine. Aber dass jemand, dem er sich verbunden fühlte, ihn – wie er es formulierte – nicht verstand, trieb ihn noch ein Jahr später um: «Was mir am meisten weh getan hat, war die Sache mit Sylvain.»[27]

«Ich bin schwierig einzuordnen», heißt die erste Zeile eines Gedichts aus Houellebecqs Band «Wiedergeburt».[28] Sie trifft auch auf ihren Verfasser zu, der sich in der Beschreibung der Welt, in der wir leben, auf eine Kunst der Verunsicherung spezialisiert hat, mit der er die Werte und Gewissheiten absichtsvoll destabilisiert. Diese Technik der Destabilisierung, das Ausreizen der Ambivalenzen, erreicht, verglichen mit den vorhergehenden Romanen, in «Unterwerfung» einen Höhepunkt und macht den Ro-

«Ich bin schwierig einzuordnen»:
Michel Houellebecq bei der Präsentation
von «Unterwerfung» in Barcelona.

man auf diese Weise zum literarischsten seiner Werke. Denn von Beginn des Romans bis zu seinem Ende, vom Titel bis zur letzten Zeile, steht die ganze «Unterwerfung» auf wackligem Boden. Das ist wichtig und insgesamt viel zu wenig beachtet worden.

Dass die Literatur für ihn ein Feld der Ambivalenzen sei und dies für «Unterwerfung» ganz besonders gelte, hat Houellebecq im Januar 2015 in jenem Gespräch beim Du-mont-Verlag betont: «Worauf bisher noch viel zu wenig hingewiesen wurde», sagte er da, «ist, dass die meisten Personen in diesem Roman Menschen ohne Überzeu-gungen sind. Meine Hauptfigur, der Erzähler, ist extrem wenig politisiert, er interessiert sich eigentlich überhaupt nicht für Politik» (er sei «politisiert wie ein Handtuch», sagt François im Roman) und ist sehr schockiert, als er feststellt, dass die Geschichte in seinem Leben plötzlich eine Rolle spielt. Die Leute, die er trifft, einen Vertreter der rechten Bewegung der Identitären, einen Geheim-dienstmitarbeiter und den Präsidenten der Universität, sind vor allem Menschen, die vom Spiel der Macht gefes-selt sind. «Sogar der neue Präsidentschaftskandidat, Mo-hammed Ben Abbes von der Bruderschaft der Muslime, ist für mich – das wird im Buch nicht so klar gesagt – kein besonders gläubiger Muslim, sondern einer, der auf die Karte des Islam setzt, um an die Macht zu kommen. Es sind alles Leute, die nicht wirklich an irgendetwas glau-ben. Das gibt dem Buch etwas Erstickendes. Nehmen Sie zum Beispiel die Romane von André Malraux. Da werden Militante in Szene gesetzt, Charaktere, die an die Sache glauben. Bei mir finden Sie das nicht. Es sind alles reine Strategen.»[29]

Das stärkt die Uneindeutigkeit. Doch ist die Ambivalenz des Romans tatsächlich viel grundsätzlicher. Sie fängt beim Titel «Soumission» an, bei dem auch im Verlauf der Handlung nicht klarwird, wer hier spricht: Ist es derjenige, der Unterwerfung fordert? Oder derjenige, der sich fügt? Der Titel schlägt sich in der Machtkonstellation, die er etabliert, auf keine Seite; er bleibt ambivalent, unentschieden, er changiert.[30] Das zeigt sich im letzten Satz des Romans am Ende eines langen Abschnitts, der nicht wie der Rest des Buchs in der Vergangenheitsform erzählt ist, sondern in der Möglichkeitsform, im Konjunktiv: «Ich hätte nichts zu bereuen.» Im Schlusskapitel stellt sich François vor, wie einfach es für ihn wäre, wenn er zum Islam überträte: «Es würden noch einige Wochen verstreichen, eine Art Anstandsfrist, während der in der Pariser Region die Temperaturen zunehmend milder würden und der Frühling Einzug hielte; und dann würde ich natürlich wieder bei Rediger anrufen. Vor allem aus Feingefühl würde er seine innere Freude ein wenig überspielen, denn es wäre ihm wichtig, sich überrascht zu zeigen, um mir das Gefühl zu geben, es sei mein *freier Wille*; er würde wirklich glücklich über meine Zustimmung sein, dessen war ich mir sicher.»[31]

François stellt sich im Detail vor, wie die Feier seiner Konversion verliefe, wo sie stattfände, wer zum Empfang in der Sorbonne käme. Aber es ist eben nur eine Möglichkeit, eine Vorstellung.

Entgegen all der Texte und Kritiken, in denen behauptet worden ist, François konvertiere am Ende des Romans zum Islam, muss hier noch einmal festgehalten werden: François konvertiert am Ende von «Unterwerfung» nicht zum Islam. Und wenn der letzte Satz «Ich hätte nichts zu bereuen» lautet, heißt das: Auch das ist nicht gesichert. «Ich hätte auch das Gegenteil schreiben können. Es ist der doppeldeutigste Satz», hat Houellebecq gesagt. Und auf die Frage, wie dieser Schlusssatz sich denn zu Edith Piafs «Non, je ne regrette rien» verhalte, an das man beim Lesen denken müsse: «Bei Piaf ist es anders. Wenn sie singt, dass sie nichts bereut, glaubt sie daran. Mein Erzähler weiß nicht, ob er es glaubt oder nicht.»[32]

Es ist diese Ambivalenz von «Unterwerfung», die auf die Leere einer Welt verweist, die von jedem Gott verlassen ist. «Unterwerfung» wurde als ein Buch über die Rückkehr der Religion beschrieben. Aber mehr als ein Roman über Religion ist das Buch ein Roman über die Unmöglichkeit zu glauben: Als François zu Beginn Paris verlässt und aufs Land flüchtet, besucht er vom ersten Tag an die Notre-Dame-Kapelle von Rocamadour, um jene schwarze Muttergottes zu betrachten, die seit rund tausend Jahren Ziel von zahllosen Wallfahrten gewesen ist und vor der viele Heilige und Könige niederknieten. Ihre «spirituelle Macht» und «unantastbare Kraft» erreichen für einen kurzen Moment auch ihn – bis er den Kontakt verliert: «Nach einer halben Stunde stand ich, endgültig vom Geist verlassen und auf meinen lädierten, vergänglichen Körper beschränkt, wieder auf und ging traurig die Stufen in Richtung Parkplatz hinunter.»[33] Der spirituelle und ontologische Mangel, auf den der Nihilismus zurückgeht, beherrscht François, Houellebecqs Inbegriff des Franzosen, und mit ihm die westliche Zivilisation. Wenn es nichts gibt, woran man glauben kann, und nichts, woran es sich zu glauben lohnt, gibt es auch nichts zu bereuen. Auch so kann man den letzten Satz verstehen.

Bedeutet dies, dass «Unterwerfung» als düstere Vision zu Ende geht? Ja, natürlich, schließlich ist es ein Buch von Michel Houellebecq. Und: Nein, natürlich nicht, denn es ist ein Buch von Michel Houellebecq. In der Schlusspassage kommt der Autor nämlich noch einmal mit seiner bewährten Ironie um die Ecke. Das betrifft François' Vorstellung von der Konversion, die für ihn natürlich kein großes Ding wäre, eine Formalität sozusagen: im Bademantel in den Hamam, rein ins schön warme Wasser, die neue Kleidung anziehen, «*Ashhadu alla ilaha illallah wa ashhahu anna Muhammadar rasulullah*» sagen, dann wäre er Muslim – und ab zum Empfang.

Und es betrifft die Ironie in der Sex- und Frauenfrage: Schon als François bei Rediger zu Besuch ist und dessen fünfzehnjährige neue Ehefrau Aïcha hereinkommt, im Hello-Kitty-Shirt, aus Versehen unverschleiert, und – etwas später – Malika, die «etwa vierzigjährige, rundliche, liebenswert wirkende» erste Ehefrau, die ihnen Teigtaschen serviert, ist klar, dass die eigentliche Verlockung, die der Islam für eine Houellebecq-Figur wie François mit ihrem zu diesem Zeitpunkt so gut wie erloschenen

Sexleben darstellt, nur die Polygamie sein kann: «Ich hatte mich seinerzeit überhaupt nicht darum bemüht, den Eindruck zu verbergen, den die äußerlichen Vorzüge Aïchas und die kleinen warmen Teigtaschen Malikas auf mich gemacht hatten. Die muslimischen Frauen waren ergeben und gefügig, damit könnte ich fest rechnen, sie waren ganz in diesem Sinne erzogen worden, und im Grunde genommen reicht das, um auf seine Kosten zu kommen», heißt es am Ende.[34] Und das bedeutet: Wenn solche Frauen sich ihm unterwürfen, dann würde seine Unterwerfung unter den neuen Glauben sich schon lohnen, das wäre ein guter Deal – und alles andere dann auch schon egal, allem voran die aufgeklärte westliche Gesellschaft.

Aber da ist noch etwas anderes: Der Roman ist, darauf hat Agathe Novak-Lechevalier Wert gelegt, auch ein Lobgesang auf die Literatur, insbesondere auf die des neunzehnten Jahrhunderts, und in diesem neunzehnten Jahrhundert auf die des seinerseits sehr düsteren Huysmans. Und inmitten einer gleichgültigen Welt ist die Literatur in «Unterwerfung» die rettende Abweichung: «Durch sie lässt sich die Doppeldeutigkeit der Wörter wachhalten; durch sie kann die gegenwärtige Existenz auf etwas lange Vergangenes verweisen; durch sie lässt sich Abstand halten und ein Dialog aufrechterhalten.» Aus diesem Grund ist die Literatur «das einzige Mittel des Widerstands: Houellebecq setzt der Selbstaufgabe, die die religiöse Bekehrung im Roman darstellt, den literarischen Dialog entgegen, der eine Konstruktion des Ich durch den anderen bedeutet».[35]

Dieser literarische Aspekt ist politischer, als er auf den ersten Blick anmutet. Houellebecq hat es immer vehement abgelehnt, die Literatur in den Dienst eines Engagements zu stellen, wie Sartre oder Camus dies getan haben. Für ihn ist Literatur im Gegenteil dazu da, Gewissheiten ins Wanken zu bringen. Mit der dem Roman wesentlichen Ambivalenz steht, was manche gefährlich finden, alles auf dem Spiel – und das ist zugleich eine Aufforderung an den Leser, sich bewusst zu machen, was vor sich geht, und Verantwortung zu übernehmen. So bleibt, ob er will oder nicht, der Leser widerspenstig, er bleibt «insoumis».[36]

Nachwort

Ist Michel Houellebecq der Prophet, als den ihn manche bezeichnet haben? Gibt es in seinem Werk «etwas Orakelhaftes, dem man nicht ausweichen kann» – wie Houellebecqs Kollegin Yasmina Reza das genannt hat?[1] Was diese Illusion erzeugt habe, so seine eigene Antwort auf diese Frage, sei, dass es manchmal seltsame Koinzidenzen zwischen dem Erscheinen seiner Bücher und anderen «weitaus dramatischeren Ereignissen» gegeben habe.[2] «Elementarteilchen» handelte von Eugenik, Stammzellenforschung und Präimplantationsdiagnostik, als diese Begriffe noch nicht täglich in der Zeitung standen. «Plattform» endete mit einem terroristischen Anschlag auf eine Ferienanlage in Thailand, als dessen Drahtzieher sich islamische Fundamentalisten herausstellten, die den Ort als Stätte des Sextourismus auslöschen wollten. Die Attentate vom 11. September 2001, kurz nach dem Erscheinen von «Plattform», dann ein Angriff auf Bali-Urlauber im Jahr 2002 schienen zu bestätigen, hier habe man es mit einem vorausblickenden Schriftsteller zu tun. Dazu kam, dass Houellebecq der «New York Times» ein Interview über «Plattform» gegeben hatte (ein Gespräch, in dem der Journalist fand, er übertreibe die islamistische Gefahr) und dass dieses Interview in der «New York Times» vom 11. September 2001 zu lesen war. «Unterwerfung» wiederum erschien am Tag der «Charlie Hebdo»-Anschläge. «Es scheint, dass Gott (oder das Schicksal oder eine andere grausame Gottheit) sich damit amüsiert, unter Benutzung meiner Bücher tragische Koinzidenzen zu erzeugen», so Michel Houellebecq.[3]

Was genau aber hat er in «Unterwerfung» prophezeit, das eingetreten ist? Die Machtergreifung eines moderaten Islam, dem sich ein Europa, das seinen Werten abgeschworen hat, unterwerfen würde, sicher nicht. Sie ist das Unwahrscheinlichste am ganzen Roman. Da waren die bürgerkriegsartigen Unruhen, die die Bewegung der Identitären anzettelt, schon realistischer, genauso wie die Attacken der jungen Dschihadisten auf Wahllokale. Ein dschihadistisches Attentat aber kommt im Roman nicht vor. Michel Houellebecq hatte die Katastrophe, die das Attentat auf «Charlie Hebdo» auch für ihn persönlich bedeutete, weder vorhergesehen, noch hatte er es schreibend provoziert. Das waren alles Projektionen.

Aber er hat, wie schon in einigen seiner vorigen Romane, über den Umweg der Zukunft von der Gegenwart erzählt. Er hat in «Elementarteilchen» mit der Gentech-Zukunft eine Erzählsituation geschaffen, die es ihm erlaubte, auf die Figuren der Gegenwart zu blicken; einen Rahmen, in dem die Bedingungen des Lebens innerhalb eines globalisierten Marktes mit ein bisschen Abstand gezeigt werden konnten. In «Die Möglichkeit einer Insel» ließ er den Neo-Menschen teilnahmslos auf seine Vorfahren blicken, sie wie Tiere im Zoo bestaunen: Was war da

Michel Houellebecq im September 2016 beim Frank-Schirrmacher-Preis in Berlin: Welche Prophezeiung aus «Unterwerfung» ist Wirklichkeit geworden?

eigentlich los? In «Unterwerfung» dann hat er die Vision eines islamisierten Frankreichs heraufbeschworen, in der eine gemäßigte islamische Partei an die Macht kommt – mit Unterstützung der bürgerlichen Parteien und einer französischen Elite, die widerstandslos kollaboriert. Und weil seine Analysen etwas trafen, weil sie in der Zuspitzung und Übertreibung eine Wahrheit erkennen ließen, meinte man während und nach der Lektüre, in der Wirklichkeit Spuren der Fiktion zu finden.

Das ist der Effekt des Prophetischen, den Michel Houellebecq erzeugt: Wer seine Bücher gelesen hat, findet in der Wirklichkeit, die ihn umgibt, das, was sie erzählen. Das Buch, denkt man also, war zuerst da – und dann erst die Realität. Dabei vergisst man, dass Houellebecq der Wirklichkeit alles abtrotzt, was er in seine Bücher hineinschreibt. Als Realist sieht er sich in der Tradition der Romane von Honoré de Balzac oder Gustave Flaubert, die im neunzehnten Jahrhundert begriffen, dass die Gesellschaft etwas ist, das sich transformiert, und die sich das Ziel setzten, sie so zu beschreiben, wie sie sich unter den eigenen Augen verändert; mit den neuen Ökonomien, dem Kapitalismus, der Macht der Bank, der Presse.

Dass er von der Gegenwart über den Umweg der Zukunft erzählt, hat Michel Houellebecq mit anderen Autoren gemein: Als der amerikanische Schriftsteller Dave Eggers sein Buch «The Circle» veröffentlichte, das die bereitwillige Selbstauslieferung an die totale Überwachung eines Google-gleichen Unternehmens zum Thema hat, wählte auch er als Projektionsfläche die nahe Zukunft, um die schöne neue Welt des gegenwärtigen Vernetzungswahns vorzuführen. Und als der russische Schriftsteller Wladimir Sorokin sein Zukunftsmärchen «Der Tag des Opritschniks» schrieb, entwarf er eine düstere Vision des Jahres 2027, in der er im gleichen Atemzug die Zeit Iwans des Schrecklichen wieder heraufbeschwor und mit jeder Zeile doch nichts anderes meinte als die Abgründe der Gegenwart.

Sorokin war sehr viel düsterer als Eggers, der der unheimlich gefälligen Welt der Unternehmenskultur aus dem Silicon Valley auch eine konsequent gefällige Sprache gab. Der Russe dagegen führte die Leser hinab in die dunklen Keller des kollektiven Unbewussten, indem er einen Echoraum aus russischer Geschichte, Mythologie und Märchen schuf. Das machte seinen Roman düster, wild und, trotz aller Zukunftsausstattung – von wasserstoffbetriebenen Mercedeslimousinen bis zu hochtechnologischen «Nachrichtenblasen» –, beinahe archaisch. Mit seinem immer modernen und gerne lapidaren Ton teilt Houellebecq diese Archaik nicht, das Düstere hingegen schon. Nur wird es bei Houellebecq nie ganz finster. Es bleibt die romantische Sehnsucht nach einer erfüllten Liebe, die, wo sie abwesend, also nicht zu haben ist, in ihrer fernen Möglichkeit gefeiert wird: «Es gibt in der Mitte der Zeit / Die Möglichkeit einer Insel».

Anders als Eggers oder Sorokin hat Michel Houellebecq an Provokationen von Beginn an alles ausgereizt, was ging. Das betrifft nicht nur die Grenzüberschreitungen, die in seinen Romanen zu finden sind, sondern vor allem auch seine Auftritte als öffentliche Figur, die mehr und mehr

zur Performance geworden sind, zum Auftritt der Kunstfigur Houellebecq. In diesen Selbstinszenierungen spielte
sein Körper im Lauf der Jahre eine immer größere Rolle;
zunehmend legte er Wert darauf, zu jenen zu gehören,
die nicht in den üblichen Rahmen passen. Als Antityp der
Medienwirksamkeit trieb er seine Medienwirksamkeit auf
die Spitze. Und er kultivierte seine Unberechenbarkeit,
übernahm in Interviews die Ansichten, manchmal auch
die Sprachgewohnheiten seiner Romanfiguren, guckte
dabei zu, wie sich alle empörten, nur um seine Aussagen
später zu widerrufen. «Sind Sie ein Provokateur?», hat
ihn der Moderator einer französischen Talkshow einmal
gefragt. «Ja, von Zeit zu Zeit, wenn ich mich langweile»,
antwortete er, «aber mit Ihnen langweile ich mich nicht.»

Im Oktober 2017 war Frankreich Gastland der «Frankfurter Buchmesse», und Michel Houellebecq gehörte zur
Delegation der eingeladenen französischen Autoren. Er
sollte im Schauspiel Frankfurt auftreten, bestand aber darauf, nur kurz auf die Bühne zu gehen, begleitet von der
Literaturwissenschaftlerin Agathe Novak-Lechevalier,
das sei seine Bedingung. Der Schauspieler Wolfram Koch
sollte aus «Unterwerfung» lesen, die Veranstaltung dem
Roman gewidmet sein, ich sollte moderieren. Am Tag
davor meldete sich Agathe Novak-Lechevalier aus Paris:
Michel habe ihr gesagt, Frankfurt werde sein letzter öf-
fentlicher Auftritt sein und sie, Agathe, solle bei diesem
Auftritt ein letztes Gespräch mit ihm führen, und zwar
über sein Gesamtwerk, nicht nur über «Soumission». Sei-
tenlang bereiteten wir Fragen vor, sie über Houellebecqs

Werk, ich über «Unterwerfung». Ob er dem Publikum tatsächlich mitteilen würde, dass er diesen Auftritt als seinen letzten öffentlichen betrachtete, wussten wir nicht. Ob er es überhaupt ernst meinte, wussten wir auch nicht. Es sah zunächst so aus. Er sagte Agathe, er wolle erst selbst sprechen. Wir rechneten mit einer Erklärung, wie er sie schon bei seinem Auftritt nach dem «Charlie Hebdo»-Attentat in Köln vorgelesen hatte.

Aber es kam anders. Michel Houellebecq saß nach den Begrüßungsreden vor seinem Mikrophon und fing an, über alles Mögliche zu reden. Er schien sich wohlzufühlen und hörte gar nicht mehr auf: Er lobte Macron, er beklagte in einem Exkurs, der bis ins Mittelalter zurückging, den Verfall einer europäischen Kultur, fand freundliche Worte für die Deutschen, empfahl ihnen allerdings, sich mehr mit erotischen Romanen zu beschäftigen. Über eine Stunde sprach er so. Alle Vorbereitungen bezüglich der Fragen und Themen waren plötzlich hinfällig. Er wollte einfach diesen Monolog halten. Sollte das seine womöglich letzte große Rede und Inszenierung sein, bevor er sich aus der Öffentlichkeit zurückzog? Agathe Novak-Lechevalier und ich warteten die ganze Zeit darauf, dass er seine Ankündigung wahrmachen und seinen Abschied bekanntgeben würde: «Das ist es, was ich noch sagen wollte, ich ziehe mich zurück, das war's.» Aber er sagte es nicht. «Avec Michel», hatte Agathe Novak-Lechevalier bemerkt, bevor wir auf die Bühne gingen, «on ne sait jamais», «mit Michel weiß man nie». Wenn er auf irgendetwas Wert legt, dann auf diese Unberechenbarkeit.

Besonders öffentlichkeitsmüde wirkte Houellebecq auf der Buchmesse insgesamt nicht. Er folgte einer Einladung in die Villa Merton, besuchte die Party des Verlegers Joachim Unseld, die Bar des «Frankfurter Hofs», die Lesung von Yasmina Reza. Er gab dem «Spiegel» ein langes Interview, das eine Woche später erschien und in dem er ähnliche Dinge ausführte wie diejenigen, die er auf der Bühne des Schauspiels Frankfurt gesagt hatte. Auch im «Spiegel» kündigte er an, sich aus der Öffentlichkeit zurückziehen zu wollen. Seine Begründung für diesen Schritt: «Ich bin mir bewusst geworden, dass ich das, was ich wirklich gern sagen möchte, nicht wirklich ausdrücken kann» – was am Ende des besonders langen Gesprächs fast schon lustig klang.[4] «Das letzte Interview» stand auf dem Cover des Magazins. Michel Houellebecq wolle «ungestört an seinem nächsten Roman arbeiten», hieß es im Innenteil.

Andere Autoren ziehen sich einfach zurück und schreiben an ihrem nächsten Werk, Michel Houellebecq macht auch daraus eine große Inszenierung, von der wir am Ende nicht sicher sein können, wie sie wirklich gemeint ist. Es ist völlig offen, ob sein Auftritt in Frankfurt tatsächlich sein letzter war oder ob er, spätestens, wenn der neue Roman fertig ist, wieder auf einer öffentlichen Bühne und in vielen Interviews zu sehen und zu hören sein wird. Sicher aber ist, dass er auch mit seinem nächsten Buch die einen gegen sich aufbringen, die anderen in Euphorie versetzen wird. Kaltlassen wird er wie immer niemanden.

Anhang

Anmerkungen

Vorwort

1 Michel Houellebecq: *Interventionen. Essays.* Aus dem Französischen von Hella Faust, Köln 2016, S. 83.

Was wir nicht wissen

1 Michel Houellebecq: «Mourir», in: Agathe Novak-Lechevalier (Hrsg.): *Michel Houellebecq – Cahier de l'Herne.* Paris 2017, S. 273–280, hier S. 273 f. (übersetzt von J. E.). Houellebecq stellte den Text zunächst ins Netz. Später veröffentlichte ihn die Zeitschrift «Ligne de risque».

2 Ebenda, S. 274.

3 Ebenda, S. 275.

4 Ebenda.

5 Yan Céh: «(Que le Soleil) Brille sur Toi, Ô Diamant Fou», in: Agathe Novak-Lechevalier (Hrsg.): *Michel Houellebecq – Cahier de l'Herne.* Paris 2017, S. 200–204, hier S. 202.

6 Michel Houellebecq: «Mourir», in: Agathe Novak-Lechevalier (Hrsg.): *Michel Houellebecq – Cahier de l'Herne.* Paris 2017, S. 273–280, hier S. 278.

7 Denis Demonpion: *Michel Houellebecq. Die unautorisierte Biografie.* Aus dem Französischen von Barbara Grabski, Berlin 2006, S. 11. Im Folgenden S. 14, 12.

8 Ebenda, S. 22.

9 Brigitte Preissler: «Michel Houellebecq frisierte seine

Biographie», in: *Die Welt* vom 15. September 2006,
S. 29.

10 Michel Houellebecq: «Mourir», in: Agathe Novak-Lechevalier
(Hrsg.): *Michel Houellebecq – Cahier de l'Herne*. Paris 2017,
S. 273–280, hier S. 279.

11 Pierre Lamalattie: «Un ermite au Nouveau Palace. Michel
Houellebecq, étudiant à l'Agro», in: Agathe Novak-Lechevalier (Hrsg.): *Michel Houellebecq – Cahier de l'Herne*. Paris
2017, S. 23–26, hier S. 23.

12 Ebenda, S. 25.

13 Vgl. Ralf Krämer: «Angst spielt keine Rolle». Interview mit
Michel Houellebecq, in: *Planet Interview* vom 24. Juni 2009
(online).

14 Im Gespräch mit Jean-Yves Jouannais und Christophe
Duchâlet, in: Michel Houellebecq: *Interventionen. Essays.*
Aus dem Französischen von Hella Faust, Köln 2016, S. 44.

15 Denis Demonpion: *Michel Houellebecq. Die unautorisierte
Biografie.* Aus dem Französischen von Barbara Grabski, Berlin
2006, S. 110 ff.

16 Michel Houellebecq: «Mourir», in: Agathe Novak-Lechevalier
(Hrsg.): *Michel Houellebecq – Cahier de l'Herne*. Paris 2017,
S. 273–280, hier S. 277 f.

17 Der Text erschien zunächst im *Guardian* und wurde am
3. Oktober 2002 in *Libération* und in einer deutschen Übersetzung in der *Weltwoche* nachgedruckt. Allerdings korrigierte
die Redaktion der *Weltwoche* das betreffende Zitat und
machte in der deutschen Version aus dem Mädchennamen
der Mutter bereits den der Großmutter. Salman Rushdie:
«Backlash der Wohlmeinenden. Der Schriftsteller Michel
Houellebecq hat den Islam als ‹dümmste Religion› bezeichnet. Jetzt steht er in Frankreich vor Gericht. Zu Unrecht», in:
Weltwoche vom 10. Oktober 2002.

18 Michel Houellebecq: «Commentaire sur l'article de Salman

Rushdie», in: Agathe Novak-Lechevalier (Hrsg.): *Michel Houellebecq – Cahier de l'Herne*. Paris 2017, S. 122.

19 Michel Houellebecq: *Lebendig bleiben*. Aus dem Französischen von Hinrich Schmidt-Henkel und Hella Faust, Köln 2006.

20 Michel Houellebecq: *Ausweitung der Kampfzone*. Roman. Aus dem Französischen von Leopold Federmair, Berlin 1999, S. 7.

21 Ebenda, S. 57.

22 Vgl. Thomas Steinfeld: *Das Phänomen Houellebecq*. Köln 2001, S. 22.

23 Michel Houellebecq: *Elementarteilchen*. Roman. Aus dem Französischen von Uli Wittmann, Köln 1999, S. 291.

24 Lucie Ceccaldi: *L'Innocente*. Récit. Paris 2008, S. 7.

25 Ebenda, S. 404 (Übersetzung J. E.).

26 Vgl. Johannes Wetzel: «Michel Houellebecq streitet mit seiner Mutti», in: *Die Welt* vom 5. Mai 2008, S. 28.

27 Michel Houellebecq: «Mourir II», in: Agathe Novak-Lechevalier (Hrsg.): *Michel Houellebecq – Cahier de l'Herne*. Paris 2017, S. 280 (Übersetzung J. E.).

28 Ebenda.

29 Klaus Hartung: «1968 – Das große Gefühl», in: *Der Tagesspiegel* vom 11. April 2008 (online).

30 Michel Houellebecq: *Interventionen*. Essays. Aus dem Französischen von Hella Faust, Köln 2016, S. 75. Diese Position zu 1968 fasst auch Alexander Cammann zusammen: «Party war 1968 immer», in: *die tageszeitung* vom 13. Mai 2008 (online).

31 Clemens Pornschlegel: «Die dunkle Seite. Michel Houellebecq hat ein Buch über Schopenhauer geschrieben», in: *Frankfurter Allgemeine Sonntagszeitung* vom 8. Oktober 2017, S. 42.

32 Pier Paolo Pasolini: *Ketzererfahrungen – «Empirismo eretico», Schriften zu Sprache, Literatur und Film*. Übersetzt von Reimar Klein, München 1979, S. 187 ff.

33 Clemens Pornschlegel: «Die dunkle Seite. Michel Houellebecq hat ein Buch über Schopenhauer geschrieben», in: *Frankfurter Allgemeine Sonntagszeitung* vom 8. Oktober 2017, S. 42.

34 Ebenda.

35 Dirk Fuhrig: «Gute Aussichten im Genlabor. Michel Houellebecq über Swingerclubs und die Freuden der künstlichen Fortpflanzung», in: *Frankfurter Rundschau* vom 20. Oktober 1999.

Der Schriftsteller

1 Gespräch mit Susanne Schüssler vom 28. September 2017 zur Ablehnung von «Elementarteilchen» durch Klaus Wagenbach; Gespräch mit Christian Döring am 10. Oktober 2017. Zum «Salon du Livre» vgl. eine Korrespondenz mit Heinrich von Berenberg vom 29. August 2017.

2 Vgl. hierzu auch Michel Houellebecq: «Quelque chose en moi», in: Agathe Novak-Lechevalier (Hrsg.): *Michel Houellebecq – Cahier de l'Herne*. Paris 2017, S. 48.

3 Denis Demonpion: *Michel Houellebecq. Die unautorisierte Biografie.* Aus dem Französischen von Barbara Grabski, Berlin 2006, S. 96.

4 Ebenda, S. 97. Das Vorwort zum «SCUM»-Manifest ist in Michel Houellebecq: *Interventionen.* Essays. Aus dem Französischen von Hella Faust, Köln 2016, S. 132 ff., nachzulesen.

5 Michel Houellebecq: *Interventionen.* Essays. Aus dem Französischen von Hella Faust, Köln 2016, S. 13.

6 Ebenda, S. 85.

7 Michel Houellebecq: *Ausweitung der Kampfzone.* Roman. Aus dem Französischen von Leopold Federmair, Berlin 1999, S. 17, 49.

8 Thomas Steinfeld: *Das Phänomen Houellebecq.* Köln 2001, S. 7.

9   Ebenda, S. 8.

10 Michel Houellebecq: *Ausweitung der Kampfzone*. Roman. Aus dem Französischen von Leopold Federmair, Berlin 1999, S. 119.

11 Roger Célestin: «Du style, du plat, de Proust et de Houellebecq», in: Murielle Lucie Clément/Sabine van Wesemael, *Michel Houellebecq sous la loupe*. Amsterdam/New York 2007, S. 345–356, hier S. 354.

12 Rainald Goetz: «Michel Houellebecq. Das Elend der Liebe», in: *Cicero*, Nr. 10 (2005), S. 122.

13 Danilo Scholz: «Zwei, drei, viele Houellebecqs», in: *Merkur. Zeitschrift für europäisches Denken*, Dezember 2015, 69. Jg., Heft 799, S. 53–64, hier S. 61.

14 Zit. nach Rainer Traub: «Der Terror der Sexualität», in: *Der Spiegel* vom 1. März 1999.

15 Thierry Chervel: «Du sollst die Freiheit hassen! Paris hat einen neuen Starautor, der die Intellektuellenszene spaltet – und den ersten Literaturskandal seit Jahren», in: *Süddeutsche Zeitung* vom 9. Oktober 1998.

16 Zit. nach Denis Demonpion: *Michel Houellebecq. Die unautorisierte Biografie*. Aus dem Französischen von Barbara Grabski, Berlin 2006, S. 152 ff.

17 Thierry Chervel: «Du sollst die Freiheit hassen! Paris hat einen neuen Starautor, der die Intellektuellenszene spaltet – und den ersten Literaturskandal seit Jahren», in: *Süddeutsche Zeitung* vom 9. Oktober 1998.

18 Denis Demonpion: *Michel Houellebecq. Die unautorisierte Biografie*. Aus dem Französischen von Barbara Grabski, Berlin 2006, S. 169.

19 Thomas Steinfeld: *Das Phänomen Houellebecq*. Köln 2001, S. 10.

20 Ebenda, S. 12 f.

21 Michel Houellebecq: *Elementarteilchen*. Roman. Aus dem Französischen von Uli Wittmann, Köln 1999, S. 156.

22 Ebenda, S. 129 f.

23 Vgl. Thomas Steinfeld: *Das Phänomen Houellebecq*. Köln
2001, S. 20.

24 Clemens Setz: «1998: Elementarteilchen. Michel Houellebecq
spendet Trost in völlig auswegloser Lage», in: *Die Zeit* vom
16. August 2012.

25 Thomas Klinkert: *Epistemologische Fiktionen: Zur Interferenz
von Literatur und Wissenschaft seit der Aufklärung*. Berlin/
New York 2010, S. 332.

26 Dirk Fuhrig: «Gute Aussichten im Genlabor. Michel Houellebecq über Swingerclubs und die Freuden der künstlichen
Fortpflanzung», in: *Frankfurter Rundschau* vom 20. Oktober
1999.

27 Sigrid Weigel/Michel Houellebecq: «Die Quantenmechanik,
das Komplementaritätsprinzip, der Todestrieb, die Liebe und
die Poesie. Ein Gespräch», in: *Sprache im technischen Zeitalter*
157 (2001), S. 13–24, hier S. 21 f.

28 Michel Houellebecq: *Ausweitung der Kampfzone*. Roman.
Aus dem Französischen von Leopold Federmair, Berlin 1999,
S. 99.

29 Michel Houellebecq: *Elementarteilchen*. Roman. Aus dem
Französischen von Uli Wittmann, Köln 1999, S. 176 f.

30 Ebenda, S. 179.

31 Thomas Steinfeld: *Das Phänomen Houellebecq*. Köln 2001,
S. 25.

32 Michel Houellebecq: *Elementarteilchen*. Roman. Aus dem
Französischen von Uli Wittmann, Köln 1999, S. 355.

33 Peter Sloterdijk: *Regeln für den Menschenpark – Ein Antwort-
schreiben zu Heideggers Brief über den Humanismus*. Sonder-
druck, Frankfurt am Main 1999.

34 Thomas Assheuer: «Der Philosoph Peter Sloterdijk fordert
eine gentechnische Revision der Menschheit», in: *Die Zeit*
vom 2. September 1999.

35 Reinhard Mohr: «Züchter des Übermenschen», in: *Der Spiegel* vom 6. September 1999.

36 Peter Sloterdijk: *Regeln für den Menschenpark – Ein Antwort-schreiben zu Heideggers Brief über den Humanismus.* Sonder-druck, Frankfurt am Main 1999, S. 57.

37 Dirk Fuhrig: «Gute Aussichten im Genlabor. Michel Houelle-becq über Swingerclubs und die Freuden der künstlichen Fort-pflanzung», in: *Frankfurter Rundschau* vom 20. Oktober 1999.

38 Michel Houellebecq: *Elementarteilchen.* Roman. Aus dem Französischen von Uli Wittmann, Köln 1999, S. 352.

39 Hier und im Folgenden Niklas Maak: *Atlas der seltsamen Häuser und ihrer Bewohner*, München 2016, S. 51 ff.

40 Denis Demonpion: *Michel Houellebecq. Die unautorisierte Biografie.* Aus dem Französischen von Barbara Grabski, Berlin 2006, S. 243.

41 Ebenda, S. 141 f.

Der Provokateur

1 Emily Eakin: «Ich bin der radikalste von allen», in: *Frank-furter Allgemeine Zeitung* vom 19. September 2000, S. 57. Alle folgenden Zitate ebenda.

2 Michel Houellebecq: «Je suis normal. Écrivain normal», in: Agathe Novak-Lechevalier (Hrsg.): *Michel Houellebecq – Cahier de l'Herne.* Paris 2017, S. 66 ff. (übersetzt von J. E.).

3 Raphaël Sorin war damals Programmleiter für Literatur bei Flammarion.

4 Michel Houellebecq: *Elementarteilchen.* Roman. Aus dem Französischen von Uli Wittmann, Köln 1999, S. 209; davor Julian Barnes: «Michel Houellebecq et le péché de désespoir», in: Agathe Novak-Lechevalier (Hrsg.): *Michel Houellebecq – Cahier de l'Herne.* Paris 2017, S. 111–117, hier S. 114.

5 Ebenda, S. 113 f.

6 Volker Weidermann: «Der neue Euphorismus – Das Glück ist eine Pauschalreise: Michel Houellebecqs Ankunft in Deutschland», in: *Frankfurter Allgemeine Zeitung* vom 7. Februar 2002, S. 51.

7 Gemeint ist die Zeitschrift «Les Inrockuptibles». Michel Houellebecq steht der Redaktion seit ihren Anfängen nahe.

8 Renaud Monfourny: «Légende d'une photographie», in: Agathe Novak-Lechevalier (Hrsg.): *Michel Houellebecq – Cahier de l'Herne.* Paris 2017, S. 118 (übersetzt von J. E.).

9 Vgl. Volker Weidermann: «Der neue Euphorimus», in: *Frankfurter Allgemeine Zeitung* vom 7. Februar 2002, S. 51. Die Sache mit dem Finger weiß Thierry Chervel: «Du sollst die Freiheit hassen!», in: *Süddeutsche Zeitung* vom 9. Oktober 1998.

10 Michel Houellebecq: *Plattform.* Roman. Aus dem Französischen von Uli Wittmann, Köln 2002, S. 238, 328.

11 Michel Houellebecq: *Lanzarote.* Aus dem Französischen von Hinrich Schmidt-Henkel, Köln 2000, S. 9.

12 Didier Sénécal: «Interview avec Michel Houellebecq», in: *Lire. Magazine Littéraire*, September 2001, S. 28–38.

13 Jürgen Ritte in einem Gespräch mit dem Deutschlandfunk vom 22. Oktober 2002.

14 Bernhard Schmid: «Göttliche Dummheit. Der Starautor Michel Houellebecq steht wegen Schmähung des Islams in Paris vor Gericht», in: *Jungle World* vom 2. Oktober 2002.

15 Thomas Steinfeld: *Das Phänomen Houellebecq.* Köln 2001, S. 21.

16 Frédéric Beigbeder: «Plateforme», in: Agathe Novak-Lechevalier (Hrsg.): *Michel Houellebecq – Cahier de l'Herne.* Paris 2017, S. 123 (übersetzt von J. E.).

17 Jürgen Kaube: «Faszinierend – Was interessiert uns so an Michel Houellebecq?», in: *Frankfurter Allgemeine Zeitung* vom 29. September 2016, S. 9.

18 Michel Houellebecq: «Ich bin ein halber Prophet», in: *Frank-*

furter Allgemeine Zeitung vom 27. September 2016, S. 9 f. Alle
Zitate im Folgenden ebenda.

19 Barbara Vinken: «Spiel mit dem Feuer – Michel Houellebecqs
    paradoxe Zeitdiagnostik», in: *Neue Zürcher Zeitung* vom
    1. Oktober 2016.

20 Robin Detje: «Tod als Rettung vor dem Tod», in: *Zeit online*
    vom 27. September 2016.

21 Niklas Bender: «Wille zum Bürgerkrieg – Das Missverständ-
    nis vom linken Michel Houellebecq», in: *Frankfurter Allge-
    meine Zeitung* vom 14. September 2016, S. 9.

22 Michel Houellebecq: *Gegen die Welt, gegen das Leben.*
    H. P. Lovecraft. Roman. Aus dem Französischen von Ronald
    Voullié, Köln 2016, S. 26 f.

23 Ebenda, S. 8.

24 Bernard Maris: *Michel Houellebecq, Ökonom. Eine Poetik am*
    Ende des Kapitalismus. Aus dem Französischen von Bernd
    Wilczek, Köln 2015, S. 23 f.

25 Clemens Pornschlegel: «Das unerhörte Verlangen. Zu Michel
    Houellebecqs Roman ‹Soumission›», in: *Stimmen der Zeit,*
    Heft 9, September 2015, S. 611–622.

26 Michel Houellebecq: *Gesammelte Gedichte.* Aus dem Franzö-
    sischen von Hinrich Schmidt-Henkel und Stephan Kleiner,
    Köln 2016, S. 95.

27 «Über Houellebecq und eine engagierte Literaturwissenschaft.
    Ein Interview mit Jule Govrin», in: http://literaturwissen-
    schaft-berlin.de/sex-gott-und-kapital-houellebecq.

28 Zit. nach Niklas Bender: «Wille zum Bürgerkrieg – Das Miss-
    verständnis vom linken Michel Houellebecq», in: *Frankfurter*
    Allgemeine Zeitung vom 14. September 2016, S. 9.

29 Thomas Assheuer: «Es gibt ihn – es gibt ihn nicht. Wer ist Jed
    Martin? Hamburg fahndet nach einer Kunstfigur des Schrift-
    stellers Michel Houellebecq», in: *Die Zeit* vom 27. April 2017,
    S. 49.

30 Bernard-Henri Lévy: «Du bon usage du suicide», in: Agathe
   Novak-Lechevalier (Hrsg.): *Michel Houellebecq – Cahier de
   l'Herne*. Paris 2017, S. 241 f. (übersetzt von J. E.).
31 Michel Houellebecq/Bernard-Henri Lévy: *Volksfeinde. Ein
   Schlagabtausch*. Aus dem Französischen von Bernd Wilczek,
   Köln 2009.
32 Cord Riechelmann: «Der Körper als Angriff», in: *Frankfurter
   Allgemeine Sonntagszeitung* vom 21. September 2014, S. 45.
33 Ebenda.
34 Vgl. Cord Riechelmann: «Houellebecq und Goetz. Die
   zwei Jäger der Wirklichkeit und die Kunst», in: *Frankfurter
   Allgemeine Quarterly*, Ausgabe 1, Winter 2016/17,
   S. 151–155.
35 «Ein Arschloch bleiben». Michel Houellebecq im Gespräch
   mit Romain Leick, in: *Der Spiegel* von 27. Juni 2015, S. 122–127,
   hier S. 123.
36 Michel Houellebecq: *Gegen die Welt, gegen das Leben.
   H. P. Lovecraft*. Roman. Aus dem Französischen von Ronald
   Voullié, Köln 2016, S. 29.

Der Romantiker

1 Rainald Goetz: «Michel Houellebecq. Das Elend der Liebe», in:
   Cicero, Nr. 10 (2005), S. 122.
2 Yasmina Reza: «Non domestiqué. Entretien avec Agathe
   Novak-Lechevalier», in: Agathe Novak-Lechevalier (Hrsg.):
   Michel Houellebecq – Cahier de l'Herne. Paris 2017, S. 260.
3 Thomas Steinfeld: «Einleitung», in: ders. (Hrsg.): *Das Phänomen Houellebecq*. Köln 2001, S. 23, 12 f.
4 Thomas Steinfeld: «Das schiefe Auge des Glücks», in: *Süddeutsche Zeitung* vom 27. August 2001.
5 Iggy Pop: «The Elephant in the Room», in: Agathe Novak-

Lechevalier (Hrsg.): *Michel Houellebecq – Cahier de l'Herne.*
Paris 2017, S. 295.

6 Michel Houellebecq: *Gesammelte Gedichte.* Aus dem Franzö-
    sischen von Hinrich Schmidt-Henkel und Stephan Kleiner,
    Köln 2016, S. 700 f.

7 Pia Reinacher: «Gemächlich demoliert», in: *Die Welt* vom
    12. April 2014, S. 6.

8 Michel Houellebecq: «Présence Humaine». CD. Tricatel
    (2000), sowie ders.: *Gesammelte Gedichte.* Aus dem Franzö-
    sischen von Hinrich Schmidt-Henkel und Stephan Kleiner,
    Köln 2016, S. 665.

9 Ebenda, S. 603.

10 Ebenda, S. 650 f.

11 Arthur Rimbaud: *Poésies. Une saison en enfer. Illuminations.*
    Paris 1984, S. 53.

12 Michel Houellebecq: «Ich habe mein Leben lang gelesen», in:
    ders.: *Interventionen.* Aus dem Französischen von Hella Faust,
    Köln 2016, S. 206–210, hier S. 207.

13 Ebenda. Zudem Michel Houellebecq: «Confessions d'un
    enfant du siècle», in: Agathe Novak-Lechevalier (Hrsg.):
    Michel Houellebecq – Cahier de l'Herne. Paris 2017, S. 334–342,
    hier S. 335 f.

14 Vgl. Rainer Warning: *Die Phantasie der Realisten.* München
    1999, S. 33.

15 Michel Houellebecq: «Confessions d'un enfant du siècle»,
    in: Agathe Novak-Lechevalier (Hrsg.): *Michel Houellebecq –
    Cahier de l'Herne.* Paris 2017, S. 334–342, hier S. 335, 339.

16 Aurélien Bellanger: *Houellebecq, écrivain romantique.*
    Clamecy 2010.

17 Michel Houellebecq: *Interventionen.* Essays. Aus dem Franzö-
    sischen von Hella Faust, Köln 2016, S. 30 f.

18 Michel Houellebecq: *Non réconcilié. Anthologie personnelle
    1991–2013,* Paris 2014.

Der Gewinner

1 Alle Zitate aus Michel Houellebecq: *Karte und Gebiet*. Roman. Aus dem Französischen von Uli Wittmann, Köln 2011.

2 Ebenda, S. 277 f.

3 Ebenda, S. 140.

4 Ebenda, S. 158 ff.

5 Julia Encke: «Ist die Wut verraucht? Michel Houellebecq liest ohne Nikotin, mit Humor», in: *Frankfurter Allgemeine Zeitung* vom 8. April 2011, S. 34.

6 Alain Beuve-Méry: «Bousculade chez Drouant: Un verre de vin renversé», in: *Le Monde* vom 10. November 2010, S. 19; sowie Priscille Lafitte: «Houellebecq: ‹C'est mon livre le plus fluide, le plus suave›», Beitrag auf *France 24* vom 10. November 2010.

7 Régine Magné: «Les visiteurs du soir: Tout Paris se pressait lundi soir à la réception organisée par Flammarion en l'honneur du nouveau prix Goncourt», in: *Sud-Ouest* vom 10. November 2010, S. 44.

8 Martina Meister: «Prophet der Mittelmäßigkeit», in: *Frankfurter Rundschau* vom 10. November 2010, S. 31; Helmut Böttiger: «Saint Michel», in: *Süddeutsche Zeitung* vom 15. März 2011, S. V2/2.

9 Ijoma Mangold: «Auch mit Bart wäre ich scheu. Ein Gespräch mit Virginie Despentes», in: *Die Zeit* vom 10. August 2017, S. 41.

10 Michel Houellebecq: *La Carte et le Territoire*. Présentation par Agathe Novak-Lechevalier, Paris 2016, S. 452.

11 Michel Houellebecq: *Karte und Gebiet*. Roman. Aus dem Französischen von Uli Wittmann, Köln 2011, S. 190 ff.

12 Wolfgang Ullrich: «Der Wahnwitz des Betriebs. Michel Houellebecqs ‹Karte und Gebiet› und die Irrationalität zeitgenössischer Kunst», in: *Die Zeit* vom 22. Oktober 2015, S. 57.

13 Michel Houellebecq: *Karte und Gebiet*. Roman. Aus dem Französischen von Uli Wittmann, Köln 2011, S. 201.

14 Wolfgang Ullrich: «Der Wahnwitz des Betriebs. Michel
    Houellebecqs ‹Karte und Gebiet› und die Irrationalität zeit-
    genössischer Kunst», in: *Die Zeit* vom 22. Oktober 2015, S. 57.

15 Cord Riechelmann: «Houellebecq und Goetz. Die zwei Jäger
    der Wirklichkeit und die Kunst», in: *Frankfurter Allgemeine
    Quarterly*, Ausgabe 1, Winter 2016/17, S. 151–155, hier S. 155.

16 Michel Houellebecq: *Karte und Gebiet*. Roman. Aus dem
    Französischen von Uli Wittmann, Köln 2011, S. 199.

17 Zit. nach: Michel Houellebecq, *La Carte et le Territoire*. Pré-
    sentation par Agathe Novak-Lechevalier, Paris 2016, S. 452.

18 Michel Houellebecq im Gespräch mit Nelly Kaprièlian, in:
    Michel Houellebecq, *Rester vivant. Le Magazine du Palais
    de Tokyo*, Paris 2016, S. 165–167.

19 Hier und im Folgenden Daniel Völzke: «In die Wahrheit
    verkrallt», in: *Monopol*, Juni 2016, S. 38–44, hier S. 42.

20 Michel Houellebecq: *Karte und Gebiet*. Roman. Aus dem
    Französischen von Uli Wittmann, Köln 2011, S. 382 f.

21 Michel Houellebecq: *In Schopenhauers Gegenwart*. Aus dem
    Französischen von Stephan Kleiner, Köln 2017, S. 8.

22 Ebenda, S. 25.

23 Vgl. dazu Clemens Pornschlegel: «Die dunkle Seite. Michel
    Houellebecq hat ein Buch über Schopenhauer geschrieben»,
    in: *Frankfurter Allgemeine Sonntagszeitung* vom 8. Oktober
    2017, S. 42.

24 Michel Houellebecq: *In Schopenhauers Gegenwart*. Aus dem
    Französischen von Stephan Kleiner, Köln 2017.

Der Visionär

1   Vgl. «Correspondance – Michel Houellebecq et Teresa Cre-
    misi», in: Agathe Novak-Lechevalier (Hrsg.): *Michel Houelle-
    becq – Cahier de l'Herne*. Paris 2017, S. 132–150, hier S. 145.

2 Vgl. hier und im Folgenden: Karsten Pole-Majewski, Philip Faigle, Kai Biermann, Mounia Meinorg und Annika Joeres: «Drei Tage Terror in Paris», in: *Zeit online* vom 11. Mai 2015.

3 «Correspondance – Michel Houellebecq et Teresa Cremisi», in: Agathe Novak-Lechevalier (Hrsg.): *Michel Houellebecq – Cahier de l'Herne*. Paris 2017, S. 132–150, hier S. 145.

4 «Freiheit muss provozieren. Michel Houellebecq für Canal plus im Gespräch mit Antoine de Caunes». Aus dem Französischen von Jan Schulz-Ojala, in: *Der Tagesspiegel* vom 14. Januar 2015, S. 19.

5 Michel Houellebecq: «En toutes lettres (abécédaire houellebecquien)», in: Agathe Novak-Lechevalier (Hrsg.): *Michel Houellebecq – Cahier de l'Herne*. Paris 2017, S. 175.

6 Nils Minkmar: «Der Mann im Parka muss etwas sagen», in: *Frankfurter Allgemeine Zeitung* vom 21. Januar 2015, S. 9.

7 Alex Rühle: «Überwerfung», in: *Süddeutsche Zeitung* vom 21. Januar 2015, S. 3.

8 Julia Encke: «Man braucht mehr Mut. Gespräch mit Michel Houellebecq», in: *Frankfurter Allgemeine Sonntagszeitung* vom 25. Januar 2015, S. 33.

9 Michel Houellebecq: *Unterwerfung*. Roman. Aus dem Französischen von Norma Cassau und Bernd Wilczek, Köln 2017, S. 53.

10 Ebenda, S. 56.

11 Ebenda, S. 129.

12 Jens Jessen: «Frankreich als islamischer Staat», in: *Die Zeit* vom 8. Januar 2015, S. 47.

13 Clemens Pornschlegel: «Das unerhörte Verlangen – Zu Michel Houellebecqs Roman ‹Unterwerfung›», in: *Stimmen der Zeit*, Heft 9, September 2015, S. 611–622, hier S. 612.

14 Ebenda, S. 614.

15 Vgl. Jens Jessen: «Frankreich als islamischer Staat», in: *Die Zeit* vom 8. Januar 2015, S. 47.

16 Michel Houellebecq: *Unterwerfung.* Roman. Aus dem Französischen von Norma Cassau und Bernd Wilczek, Köln 2017, S. 251.

17 Ebenda, S. 227 f.

18 Ebenda, S. 234.

19 Clemens Pornschlegel: «Das unerhörte Verlangen – Zu Michel Houellebecqs Roman ‹Unterwerfung›», in: *Stimmen der Zeit,* Heft 9, September 2015, S. 611–622, hier S. 618 f.

20 Ebenda, S. 619.

21 Emmanuel Carrère: «Un roman d'une extraordinaire consistance romanesque», in: *Le Monde* vom 6. Januar 2015.

22 Boualem Sansal: *2084 – Das Ende der Welt.* Roman. Aus dem Französischen von Vincent von Wroblewsky, Gifkendorf-Vastorf 2016.

23 Mathias Énard: *Kompass.* Roman. Aus dem Französischen von Holger Fock und Sabine Müller, Berlin 2016.

24 Lena Bopp: «Mein Buch ist ein Anti-Houellebecq – Ein Gespräch mit Mathias Énard», in: *Frankfurter Allgemeine Zeitung* vom 27. November 2015, S. 11.

25 Julia Encke: «Man braucht mehr Mut. Gespräch mit Michel Houellebecq», in: *Frankfurter Allgemeine Sonntagszeitung* vom 25. Januar 2015, S. 33.

26 Sylvain Bourmeau: «De l'art (et des risques) des dispositifs. Entretien», in: Agathe Novak-Lechevalier (Hrsg.): *Michel Houellebecq – Cahier de l'Herne,* Paris 2017, S. 187–191, hier S. 190 (Übersetzung J. E.).

27 Nelly Kaprièlian: «Interviewer Michel», in: Agathe Novak-Lechevalier (Hrsg.): *Michel Houellebecq – Cahier de l'Herne.* Paris 2017, S. 238–240, hier S. 240.

28 Michel Houellebecq: *Gesammelte Gedichte.* Aus dem Französischen von Hinrich Schmidt-Henkel und Stephan Kleiner, Köln 2016, S. 457.

29 Julia Encke: «Man braucht mehr Mut. Gespräch mit Michel

Houellebecq», in: *Frankfurter Allgemeine Sonntagszeitung* vom 25. Januar 2015, S. 33.

30 Vgl. hier und im Folgenden den brillanten Artikel von Agathe Novak-Lechevalier: «‹Soumission›. La Littérature comme Résistance», in: *Libération* vom 1. März 2015.

31 Michel Houellebecq: *Unterwerfung*. Roman. Aus dem Französischen von Norma Cassau und Bernd Wilczek, Köln 2017, S. 268.

32 Julia Encke: «Man braucht mehr Mut. Gespräch mit Michel Houellebecq», in: *Frankfurter Allgemeine Sonntagszeitung* vom 25. Januar 2015, S. 33.

33 Michel Houellebecq: *Unterwerfung*. Roman. Aus dem Französischen von Norma Cassau und Bernd Wilczek, Köln 2017, S. 146 ff.

34 Ebenda, S. 217, 220, 268.

35 Agathe Novak-Lechevalier: «‹Soumission›. La Littérature comme Résistance», in: *Libération* vom 1. März 2015.

36 Ebenda.

Nachwort

1 Yasmina Reza: «Non domestiqué. Entretien avec Agathe Novak-Lechevalier», in: Agathe Novak-Lechevalier (Hrsg.): *Michel Houellebecq – Cahier de l'Herne*. Paris 2017, S. 260.

2 Michel Houellebecq: «Ich bin ein halber Prophet», in: *Frankfurter Allgemeine Zeitung* vom 27. September 2016, S. 9 f.

3 Ebenda.

4 Romain Leick: «Autor der totalen Schlaffheit». Gespräch mit Michel Houellebecq, in: *Der Spiegel* vom 21. Oktober 2017, S. 120–127.

Literatur

Literatur von Michel Houellebecq

Ausweitung der Kampfzone. Roman. Aus dem Französischen von
Leopold Federmair, Berlin 1999.

Elementarteilchen. Roman. Aus dem Französischen von Uli Wittmann, Köln 1999.

Lanzarote. Aus dem Französischen von Hinrich Schmidt-Henkel,
Köln 2000.

Plattform. Roman. Aus dem Französischen von Uli Wittmann,
Köln 2002.

Die Möglichkeit einer Insel. Roman. Aus dem Französischen von
Uli Wittmann, Köln 2005.

Lebendig bleiben. Aus dem Französischen von Hinrich Schmidt-
Henkel und Hella Faust, Köln 2006.

Volksfeinde. Ein Schlagabtausch. Aus dem Französischen von
Bernd Wilczek, Köln 2009 (mit Bernard-Henri Lévy).

Ich habe einen Traum. Neue Interventionen. Aus dem Französischen von Hella Faust, Köln 2010.

Karte und Gebiet. Roman. Aus dem Französischen von Uli Wittmann, Köln 2011.

Non réconcilié. Anthologie personnelle 1991–2013. Paris 2014.

«Ich bin ein halber Prophet». Aus dem Französischen von Wiebke
Hüster, in: *Frankfurter Allgemeine Zeitung* vom 27. September
2016.

Gegen die Welt, gegen das Leben. H. P. Lovecraft. Roman. Aus dem
Französischen von Ronald Voullié, Köln 2016.

Gesammelte Gedichte. Aus dem Französischen von Hinrich
Schmidt-Henkel und Stephan Kleiner, Köln 2016.

Interventionen. Essays. Aus dem Französischen von Hella Faust, Köln 2016.

La Carte et le Territoire. Présentation par Agathe Novak-Lechevalier, Paris 2016.

Rester vivant. Le Magazine du Palais de Tokyo, Paris 2016.

In Schopenhauers Gegenwart. Aus dem Französischen von Stephan Kleiner, Köln 2017.

Unterwerfung. Roman. Aus dem Französischen von Norma Cassau und Bernd Wilczek, Köln 2017.

Filme

Michel Houellebecq: *La Possibilité d'une Île* (2008).
Guillaume Nicloux: *L'Enlèvement de Michel Houellebecq* (2014).

Musik

Michel Houellebecq: *Présence Humaine.* CD. Tricatel (2000).

Literatur über Michel Houellebecq und weiterführende Texte

Thomas Assheuer: «Der Philosoph Peter Sloterdijk fordert eine gentechnische Revision der Menschheit», in: *Die Zeit* vom 2. September 1999.

Thomas Assheuer: «Es gibt ihn – es gibt ihn nicht. Wer ist Jed Martin? Hamburg fahndet nach einer Kunstfigur des Schriftstellers Michel Houellebecq», in: *Die Zeit* vom 27. April 2017, S. 49.

Aurélien Bellanger: *Houellebecq, écrivain romantique,* Clamecy 2010.

Niklas Bender: «Wille zum Bürgerkrieg – Das Missverständnis vom linken Michel Houellebecq», in: *Frankfurter Allgemeine Zeitung* vom 14. September 2016.

Alain Beuve-Méry: «Bousculade chez Drouant: Un verre de vin renversé», in: *Le Monde* vom 10. November 2010, S. 19.

Lena Bopp: «Mein Buch ist ein Anti-Houellebecq – Ein Gespräch mit Mathias Énard», in: *Frankfurter Allgemeine Zeitung* vom 27. November 2015, S. 11.

Helmut Böttiger: «Saint Michel», in: *Süddeutsche Zeitung* vom 15. März 2011, S. V2/2.

Alexander Cammann: «Party war 1968 immer», in: *die tageszeitung* vom 13. Mai 2008 (online).

Emmanuel Carrère: «Un roman d'une extraordinaire consistance romanesque», in: *Le Monde* vom 6. Januar 2015.

Antoine de Caunes: «‹Freiheit muss provozieren›. Michel Houellebecq für *Canal plus* im Gespräch». Aus dem Französischen von Jan Schulz-Ojala, in: *Der Tagesspiegel* vom 14. Januar 2015, S. 19.

Lucie Ceccaldi: *L'Innocente. Récit.* Paris 2008.

Roger Célestin: «Du style, du plat, de Proust et de Houellebecq», in: Murielle Lucie Clément/Sabine van Wesemael, *Michel Houellebecq sous la loupe.* Amsterdam/New York 2007, S. 345–356.

Thierry Chervel: «Du sollst die Freiheit hassen! Paris hat einen neuen Starautor, der die Intellektuellenszene spaltet – und den ersten Literaturskandal seit Jahren», in: *Süddeutsche Zeitung* vom 9. Oktober 1998.

Denis Demonpion: *Michel Houellebecq. Die unautorisierte Biografie.* Aus dem Französischen von Barbara Grabski, Berlin 2006.

Robin Detje: «Tod als Rettung vor dem Tod», in: *Zeit online* vom 27. September 2016.

Emily Eakin: «Ich bin der radikalste von allen», in: *Frankfurter Allgemeine Zeitung* vom 19. September 2000.

Mathias Énard: *Kompass*. Roman. Aus dem Französischen von Holger Fock und Sabine Müller, Berlin 2016.

Julia Encke: «Ist die Wut verraucht? Michel Houellebecq liest ohne Nikotin, mit Humor», in: *Frankfurter Allgemeine Zeitung* vom 8. April 2011, S. 34.

Julia Encke: «Man braucht mehr Mut. Gespräch mit Michel Houellebecq», in: *Frankfurter Allgemeine Sonntagszeitung* vom 25. Januar 2015, S. 33.

Dirk Fuhrig: «Gute Aussichten im Genlabor. Michel Houellebecq über Swingerclubs und die Freuden der künstlichen Fortpflanzung», in: *Frankfurter Rundschau* vom 20. Oktober 1999.

Rainald Goetz: «Das Elend der Liebe», in: *Cicero* 2005, Nr. 10, S. 122.

Jule Jakob Govrin: *Sex, Gott und Kapital – Michel Houellebecqs «Unterwerfung» zwischen neoreaktionärer Rhetorik und postsäkularen Politiken*, Münster 2016.

Klaus Hartung: «1968 – Das große Gefühl», in: *Der Tagesspiegel* vom 11. April 2008 (online).

Jens Jessen: «Frankreich als islamischer Staat», in: *Die Zeit* vom 8. Januar 2015, S. 47.

Jürgen Kaube: «Faszinierend – Was interessiert uns so an Michel Houellebecq?», in: *Frankfurter Allgemeine Zeitung* vom 29. September 2016.

Thomas Klinkert: *Epistemologische Fiktionen: Zur Interferenz von Literatur und Wissenschaft seit der Aufklärung*. Berlin/New York 2010.

Ralf Krämer: «Angst spielt keine Rolle». Interview mit Michel Houellebecq, in: *Planet Interview* vom 24. Juni 2009 (online).

Priscille Lafitte: «Houellebecq: ‹C'est mon livre le plus fluide, le plus suave›», Beitrag auf *France 24* vom 10. November 2010.

Romain Lieck: «Autor der totalen Schlaffheit». Gespräch mit Michel Houellebecq, in: *Der Spiegel* von 21. Oktober 2017, S. 120–127.

Romain Leick: «Ein Arschloch bleiben. Michel Houellebecq im Gespräch», in: *Der Spiegel* vom 27. Juni 2015, S. 122–127.

Niklas Maak: *Atlas der seltsamen Häuser und ihrer Bewohner*, München 2016.

Régine Magné: «Les visiteurs du soir: Tout Paris se pressait lundi soir à la réception organisée par Flammarion en l'honneur du nouveau prix Goncourt», in: *Sud-Ouest* vom 10. November 2010, S. 44.

Ijoma Mangold: «Auch mit Bart wäre ich scheu. Ein Gespräch mit Virginie Despentes», in: *Die Zeit* vom 10. August 2017, Nr. 33, S. 41.

Bernard Maris: *Michel Houellebecq, Ökonom. Eine Poetik am Ende des Kapitalismus.* Aus dem Französischen von Bernd Wilczek, Köln 2015.

Martina Meister: «Prophet der Mittelmäßigkeit», in: *Frankfurter Rundschau* vom 10. November 2010, S. 31.

Nils Minkmar: «Der Mann im Parka muss etwas sagen», in: *Frankfurter Allgemeine Zeitung* vom 21. Januar 2015, S. 9.

Agathe Novak-Lechevalier: «‹Soumission›. La Littérature comme Résistance», in: *Libération* vom 1. März 2015.

Agathe Novak-Lechevalier (Hrsg.): *Michel Houellebecq – Cahier de l'Herne.* Paris 2017.

Pier Paolo Pasolini: *Ketzererfahrungen – «Empirismo eretico», Schriften zu Sprache, Literatur und Film.* München 1979.

Karsten Pole-Majewski, Philip Faigle, Kai Biermann, Mounia Meinorg und Annika Joeres: «Drei Tage Terror in Paris», in: *Zeit online* vom 11. Mai 2015.

Clemens Pornschlegel: «Das unerhörte Verlangen. Zu Michel Houellebecqs Roman ‹Soumission›», in: *Stimmen der Zeit,* Heft 9, September 2015, S. 611–622.

Clemens Pornschlegel: «Die dunkle Seite. Michel Houellebecq hat ein Buch über Schopenhauer geschrieben», in: *Frankfurter Allgemeine Sonntagszeitung* vom 8. Oktober 2017, S. 42.

Brigitte Preissler: «Michel Houellebecq frisierte seine Biographie», in: *Die Welt* vom 15. September 2006, S. 29.

Iris Radisch: *Warum die Franzosen so gute Bücher schreiben. Von Sartre bis Houellebecq*, Reinbek 2017.

Pia Reinacher: «Gemächlich demoliert», in: *Die Welt* vom 12. April 2014, S. 6.

Cord Riechelmann: «Der Körper als Angriff», in: *Frankfurter Allgemeine Sonntagszeitung* vom 21. September 2014, S. 45.

Cord Riechelmann: «Houellebecq und Goetz. Die zwei Jäger der Wirklichkeit und die Kunst», in: *Frankfurter Allgemeine Quarterly*, Ausgabe 1, Winter 2016/17, S. 151–155.

Arthur Rimbaud: *Poésies. Une saison en enfer. Illuminations.* Paris 1984.

Alex Rühle: «Überwerfung», in: *Süddeutsche Zeitung* vom 21. Januar 2015, S. 3.

Salman Rushdie: «Backlash der Wohlmeinenden. Der Schriftsteller Michel Houellebecq hat den Islam als ‹dümmste Religion› bezeichnet. Jetzt steht er in Frankreich vor Gericht. Zu Unrecht», in: *Weltwoche* vom 10. Oktober 2002.

Boualem Sansal: *2084 – Das Ende der Welt*. Roman. Aus dem Französischen von Vincent von Wroblewsky, Gifkendorf-Vastorf 2016.

Bernhard Schmid: «Göttliche Dummheit. Der Starautor Michel Houellebecq steht wegen Schmähung des Islams in Paris vor Gericht», in: *Jungle World* vom 2. Oktober 2002.

Danilo Scholz: «Zwei, drei, viele Houellebecqs», in: *Merkur. Zeitschrift für europäisches Denken*, Dezember 2015, 69. Jahrgang, Heft 799, S. 53–64.

Didier Sénécal: «Interview avec Michel Houellebecq», in: *Lire. Magazine Littéraire*, September 2001, S. 28–38.

Clemens Setz: «1998: Elementarteilchen. Michel Houellebecq

spendet Trost in völlig auswegloser Lage», in: *Die Zeit* vom
16. August 2012.

Peter Sloterdijk: *Regeln für den Menschenpark – Ein Antwort-
schreiben zu Heideggers Brief über den Humanismus.* Sonder-
druck, Frankfurt am Main 1999.

Thomas Steinfeld (Hrsg.): *Das Phänomen Houellebecq,* Köln 2001.

Thomas Steinfeld: «Das schiefe Auge des Glücks», in: *Süddeutsche
Zeitung* vom 27. August 2001.

Rainer Traub: «Der Terror der Sexualität», in: *Der Spiegel* vom
1. März 1999.

Wolfgang Ullrich: «Der Wahnwitz des Betriebs. Michel Houellebecqs ‹Karte und Gebiet› und die Irrationalität zeitgenössischer Kunst», in: *Die Zeit* vom 22. Oktober 2015, S. 57.

Barbara Vinken: «Spiel mit dem Feuer – Michel Houellebecqs
paradoxe Zeitdiagnostik», in: *Neue Zürcher Zeitung* vom
1. Oktober 2016.

Daniel Völzke: «In die Wahrheit verkrallt», in: *Monopol,* Juni 2016,
S. 38–44.

Rainer Warning: *Die Phantasie der Realisten,* München 1999.

Volker Weidermann: «Der neue Euphorismus – Das Glück ist
eine Pauschalreise: Michel Houellebecqs Ankunft in Deutschland», in: *Frankfurter Allgemeine Zeitung* vom 7. Februar 2002.

Sigrid Weigel/Michel Houellebecq: «Die Quantenmechanik, das
Komplementaritätsprinzip, der Todestrieb, die Liebe und die
Poesie. Ein Gespräch», in: *Sprache im technischen Zeitalter* 157
(2001), S. 13–24.

Johannes Wetzel: «Michel Houellebecq streitet mit seiner Mutti»,
in: *Die Welt* vom 5. Mai 2008, S. 28.

Dank

Ich danke meinem Verleger Gunnar Schmidt für das Vertrauen. Ulrich Wank, Hanna Schuler und Franziska Zintzsch für das sorgsame Lektorat. Für Gespräche, Hinweise und Anregungen danke ich Heinrich von Berenberg, Agathe Novak-Lechevalier, Clemens Pornschlegel und Cord Riechelmann. Und Rainer Schmidt für alles.

Bildnachweis

Renaud Monfourny: Seite 17

getty images: Seite 27 (Louis Monier), Seite 169 (Richard Bord), Seite 221 (Michele Tantussi)

action press: Seite 37 (SIPA PRESS), Seite 101 (Dyd Fotografos), Seite 119 (SIPA PRESS), Seite 123 (Everett Collection), Seite 179 (SIPA PRESS), Seite 189 (SIPA PRESS), Seite 211 (Andreu Dalmau / SIPA PRESS)

picture alliance: Seite 47 (dpa – Fotoreport), Seite 75 (ZB – Special)

ullstein bild: Seite 61 (United Archives / 90061), Seite 195 (Brill)

Lise Sarfati: Seite 83

Ton Peters: Seite 131

Julia Encke: Seite 141

Gérard Lartigue (www.art-france.fr): Seite 151